8カ国の超わがまま
エグゼクティブに学んだ

世界一
打たれ強い働き方

フラナガン裕美子

実務教育出版

はじめに

アップル創業者の故スティーブ・ジョブズ氏、テスラのイーロン・マスク氏、ソフトバンクの孫正義氏、ファーストリテイリングの柳井正氏……。世界的な企業を率いるグローバル・エグゼクティブを思い浮かべてみてください。

多くのエピソードが様々なメディアで紹介されていますが、みなさん信じられないような努力家で、もし自分が部下だったらと考えると恐れさえ感じる「超わがまま」な印象ですね。

そもそも何かを成した人で、超一流と呼ばれる人で、わがままでない人はいません。自身にも厳しく、部下にも厳しい。部下には圧倒的な成果を要求し、自身もたしかな結果にこだわります。目指すべき道を歩むためなら、いかなる障害をも乗り越えようと全身全霊で突き進み、妥協を許さず、しかもそれを部下にも要求します。だからこそ、傍から見ればわがままにしか見えないのです。

これが、私のいう「超わがまま」の定義であり、トップ・エグゼクティブの実像でもあります。

本書でご紹介するわがまま上司たちも、彼らほどではないかもしれませんが、名うての「超わがまま上司」たちです。

最高に仕事ができて、自分にも部下にもベストを求める、一切の妥協を許さないプロ中のプロ。そんな彼らの要求に応えるのは大変です。駄々をこねる子供とはわけが違います。しかも厄介なことに、彼らと仕事をするためには、常に全力投球、真剣勝負が求められます。

彼らの頭の中には、わがままを言っているという認識はありません。最上最高の仕事をするために、必要なことを部下に命じているだけだと思っているのです。いわば、自分だけでなく、部下や部署、ひいては会社が結果を出せないことを、誰よりも重く受け止めているだけなのです。

そしてハッキリとした結果を出すためにも、部下の能力を高めるためにも、「猛烈なわがまま」という形でプッシュしているだけ。自分が学んできたことを惜しげもなく部下たちにシェアしているだけと言ってもいいかもしれません。

一見不可能に思えることも、自分の視野を広げて知恵を絞ってみれば十分実現可能になることを、彼らはよく知っています。年功序列や運ではなく、実力で地位を勝ち取ったところで終わりとせず、その後も〝裸の王様〟にならないように努力を続けて、自分を猛烈にプッシュし続けているのです。

そんな上司たちから、無茶振りを次々繰り出される部下は、実は「とても幸運」です。

もちろんそんな上司の下で働くと、日々の試練は過酷です。ストレスが溜まって逃げ出したくなったり、怒りのあまり、デスクをひっくり返したくなるような衝動に駆られることもあるでしょう。

それでも幸運だと、私は自信を持って断言したいと思います。

最強わがまま上司たちをサポートするという仕事をしてきた結果、私自身が多くのことを学ぶチャンスを得、自身の能力を最大限に引き出してもらい（と言うより無理矢理ぎゅぎゅーっと絞り出された感がありますが）、どんな厳しい局面にも動じない剛毛の生えた心臓と、難題に対処できる柔軟性や行動力を身につけることができました。それは、世界中のどんなマニュアルを読むよりはるかに価値のある経験だったと私は信じています。

それだけではありません。

彼らと働いていると、もれなく打たれ強い自分が誕生します。

実は以前、同じ職場にいたあるお局様から、「あなたって、叩いても叩いても復活するゾンビみたいね」と嫌味たっぷりに言われたことがあります。自分がそれほど強いメンタルの持ち主ではないと知っていた私は、びっくりしました。

その時初めて、デキるわがままボスにしごかれているうちに、仕事のノウハウだけでなく、「打たれ強い働き方」を身につけていたということを理解したのです。

「打たれ強い働き方」というのは、何も自分を犠牲にして、精神的苦痛を味わいながら仕事を続けることではありません。凄腕上司たちからあらゆる局面で対応可能なノウハウを盗み、しなやかな思考を身につけることで、「どこの会社でも通じる働き方」と「打たれ強い最強のビジネスパーソンとなる」、新しい考え方と行動法則が身につく働き方を提案したいのです。

ストレスを抱えながら、へばりつくように頑張っていても、精神も肉体もボロボロになるだけです。それでは1回限りの大切な人生があまりにももったいない！

1つタスクをクリアする度に、1つ免疫ができます。昨日、1言われて「もうだめだ」と思っていたのが、しばらく経つと2まで平気になっている、そんな具合です。

自分を大切にしながらも、上司のわがままから存分に学び、逆境にもストレスにも打たれ強くなる。理想論などではなく、誰でもそうなれるのです。なぜならメンタルの弱い私でもそうなれたからです。

デキる上司のわがままを、パワハラと捉えるか、厄介だけど幸運なチャンスと捉えるか。その選択こそが、自身の可能性を広げていくきっかけになるということを、私は申し上げたいのです。

本書では私の仕事人生を時系列に並べ、それぞれの会社で出会った超わがまま上司の行動とその対処法に加えて、仕事をしていれば誰もが陥りがちな落とし穴や注意点を、エピソードを交えて綴りました。

私が試行錯誤、七転八倒しながら生み出してきた実践的な仕事術であり、業種や職種・役職の有無に関係なく応用可能であることが、最大のポイントです。それぞれの場面で、自分だったらどうするか想像しながら読み進めていただけたらと思います。

寄らば大樹ではなく、寄らば「わがまま上司」です。

読者のみなさんの会社生活が、少しでも楽に、そして実り多きものとなりますように！

世界一打たれ強い働き方◆目次

第1章

グローバル的わがままの洗礼◆スイスの銀行編

第2章

仕事もデキるが〝わがまま〟も世界レベル ◆NYの大手銀行編

第3章

郷に入りては郷に従え◆初めての合併とドイツの会社編

第4章 荒波にもまれた移籍先◆アメリカの証券会社編

第5章

秘書人生最大のチャレンジ◆世界同時不況を引き起こした「あの会社」編

第6章

遅れてきたカルチャーショック◆初めての日本企業編

第1章

グローバル的わがままの洗礼
◆スイスの銀行編

私に社会人としてのスタートを切らせてくれたのが、有楽町駅前にオフィスを構えていたスイスの銀行の東京支店です。チューリッヒに本店のある長きに渡る歴史をもつこの会社では、誰もが高いプライドを持って働いていました。

初めての会社、しかも外資系の組織は、日本企業に就職した友人たちから聞く話とは、研修も仕事のやり方もまるで違っていました。自分の意見をはっきり言う個性的な人々が集まるこの会社に、一緒に入社したのは全部で7人。女性6人に男性1人という組み合わせ、女性にも男性と同等の機会が与えられていました。

私が働くことになったのは、保守的なカルチャーをもった営業部でした。外資系の中でも、かなり日本よりの組織だったと言えるでしょう。当時のトップは大学時代にスポーツで活躍された、バリバリの体育会系タイプです。興味深いことにほぼ全員が日本人という環境で、その部署にいる限りはあまり外資系を意識することはなかった気がします。自分がつく上司の考え方や才能次第で、こんなにも会社生活に違いがでるのかと驚いたものです。

この会社では、鼻っ柱の強い生意気なひよっことして社会人の洗礼を受け、世の中には押しの一手だけではどうにもならないことがあることを知り、行く先は病院かニート生活かの崖っぷちを体験しました。

いきなりダメ出しは日常茶飯事 面接で求められるのは柔軟な対応力

あなたがもし採用する側になったら、どんな人を選ぶでしょうか？

教科書通り、「100点満点」の答えをする人？

一流大学、もしくは大学院を出た、鳴り物入りの候補者？

はたまた学生ながら、ハッキングが得意なIT系の人材？

面接官は常に良い人材を求めています。バランスがとれていて優秀と言われる人材もさることながら、外資系においては**「個性」**が大切にされます。仲良くお手々をつないで、というタイプよりは、少しとんがっていても自分の意見をきちんと持ち、新しいアイディアやチャレンジを常に志しているような候補者。そんな人材を発掘するために、あの手この手と意表を突いた質問を投げかけてくるのです。

前もって想定できたり練習できるような問いかけではなく、候補者が一瞬ぐっと詰まってしまうような質問をするのには理由があります。頭の回転の早さ、一瞬の判断力といった、実際の仕事で必要とされる能力を見極めようとしているのです。

面接官が求めているのは、どんな質問にでも対応できる柔軟性と言えるでしょう。


私の初めての勤務先、スイスの銀行のトレーディングルームは、業界では名を知られた、あるトレーダーが率いていました。いつ見てもびしっとしたスーツを着こなし、ゴルフのためでしょうか、肌は綺麗《きれい》に日焼けしていて男性ながらとてもエレガントな人でした。

バレンタインデーには高級クラブのマネージャーが、お店の綺麗な女性を伴って、花束とチョコレートを会社に届けてくるような派手さもありましたが、決して品と威厳を崩さない色気のある男性だったのを覚えています。

その彼を初めて見たのは、入社面接の時。この会社では、４つの部署のトップが一度に私たち新卒者を面接し、そこから気に入った候補者をそれぞれが指名するという、興味深い採用方法がとられていました。

私は最初から営業部へ行きたいと思っていたので、営業のトップからの質問が終わると、勝手に自分の役目は終わったような気がしていました。

その時です。このエレガントなトレーディングルームのトップが、いきなり私に質問をしてきたのです。

「君、何型？」

思わず、「へっ⁉」とすっとんきょうな声を出した私に向かって、鼻をフンと鳴らしながら彼が繰り返しました。

「血液型だよ。何型なの？」

「お、O型です」

そう答えると、彼は小さな声で、「あーぁ」と言いながら、首をひねりました。

「残念だね、僕はO型は雇わないんだよ。トレーダーに向いてないからね」

そう言うと全く興味を失ったように、手元にあった他の履歴書に目を通し始めました。

あれから20年以上経《た》った今でも、その時のことを思い出すと笑いが止まりません。たとえ私がスーパーコンピューターのような頭脳を持っていたとしても、彼は「O型はトレーダーに向いていない」という強い持論の故に私を雇ってくれることはなかったのです。

これだけではありません。その後何度も様々な会社で面接を受けましたが、常識では考えられないダメ出しは、数多くありました。

「どこまでパワハラに耐える自信がある？」

「この私をどうやって満足させられるか言ってみろ」

「君の一番最初の仕事は、これから私がクビにする秘書の私物片付けだが、できるか？」

どれもギョッとするような質問です。ですが、これは面接に限ったことではありません。

仕事では、毎日接する上司や顧客、そして社内外で、思いもかけぬダメ出し攻撃を受けることが多々あるのです。でも、ちょっとした考え方で、どんな場面でのダメ出しにも対処可能になります。

ポイントは2つです。

①「相手は自分とは全く違う生き物である」という事実を認識する

②「自分の常識は相手の常識ではない」という事実を理解する

そうやって、自分が考えもつかないことが飛び出すことを、常に予想しておけば、どんな発言が飛んできても、「ああそうきたか、面白い！」と思うことができます。

いつでも、「面白いお試しが来たな」「トンチ問題を出されたな」と、その瞬間を〝楽しむ〟ことに集中してください。緊張するはずの面接だけでなく、会議や顧客訪問もその意気でいくと、良い結果が生まれるはずです。

パワーハラスメント、パワハラという言葉が社会に広く認識されるようになった結果、ホッとした人が一体どれほどいるでしょうか。

パワハラ上司にはひたすら平身低頭、でも決して怯えは見せない

その昔はパワハラも「しごき」の一つとして立派に認められ、故に何の対策もとられないまま一方的に被害者が苦しんでいました。仕事ができず、中身もない人間に力を持たせれば、パワハラはセットでついてくるでしょう。でも、実は、このタイプは扱いが意外と簡単なのです。

彼らが求めているのは、**おだてと褒め言葉、つまり「すごい」と認識されること**です。だからそれを満たしてあげれば対処ができる、一番ベーシックなパワハラ上司なのです。けれど、パワハラをしてくる上司が、「すごいデキる」上司であった場合、これはとても厄介です。なにせ丸め込むことが不可能だからです。

究極論を言えば、彼より仕事ができるようにならない限り、日々猛禽《もうきん》類に狙《ねら》われるようなチェックが入るということです。部下にとっては、毎日が地雷原を歩いているようなもの。ちょっとの気の緩みで逆鱗《げきりん》にふれたら最後、どかーんと吹き飛びます。

それでは一体どうしたらよいのでしょうか。数々のわがまま上司、モンスター上司に仕えてきた私が、おすすめするのは以下の5つの方法です。

①怯《おび》えを見せない
②平身低頭
③気を抜かずに全力で集中する
④観察する
⑤絶対にパーソナルに取らない

①怯えを見せない

パワハラはイジメと同じでかなり精神的にこたえます。その相手のことを考えただけでもビクビクしてしまうものです。

けれど、実はこの「ビクビク」が厄介です。パワハラをする人は、この「ビクビク」の匂《にお》いがすると、ますます興奮してアドレナリンのスイッチが入ってしまいます。結果、パワハラがさらに増大する、というわけなのです。だからどんなに内心怯えていても、絶対にそれを見せないこと。感情を出さずに平静を装うのです。

口で言うほど簡単ではないと思われるかもしれません。でも意識して怯えていないふりをしていれば、必ずできるようになります。相手はあなたに暴力をふるえるわけでも、命を奪えるわけでもありません。地位はあっても自分と同じ、ただの人間です。

②平身低頭

ひたすら平身低頭でいましょう。でも、へつらってはいけません。へつらいも相手のカンにさわるからです。相手を立て、指示を仰ぐ。意見を求められたらきちんと発言できるようにします。

覚えておいてください。このタイプは自分をただ持ち上げてくれる部下が欲しいのではありません。自分がデキるが故に、部下にも同じレベルを求めているのですから、ただのイエスマンでは、余計にパワハラがレベルアップします。

③気を抜かずに全力で集中する

求められているのは、とにかく仕事のレベルの高さですから、それでしか上司を満足させることはできません。仕事に入ったら、その瞬間から絶対に気を抜かずに集中してベストを尽くし、与えられた仕事以外にも360度に気を配りましょう。

これにはオマケがついてきます。パワハラ対策でやっている仕事法が、ある日気がつくとあなたを「デキる部下」に変身させているのです。だから、くじけそうになったら「やって損はない！」と思い出してください。

強制的受け身の努力のように思えますが、結果はすべてあなたのものです。

④観察する

とにかく上司を観察します。彼が「何で」満足するのか。「どういった」考え方をするのか。彼の仕事法、社内外の顧客や上司への接し方、時間の使い方……何でもいいのです。目を皿のようにして観察してみてください。そして何も考えずに真似してみてください。できる上司の真似をするのですから、結果は保証つき。間違いなくパワハラの量が減ることでしょう。

⑤絶対にパーソナルに取らない

多くの人がハマってしまう罠《わな》がこれです。パワハラで自分に向かって発せられる言葉を、そのまま個人的に受け止めてしまうと、そのインパクトは計り知れません。

どんな強いことを言われても、そこで「ああ、他の人にも言うセリフだな」と思えれば、その威力はかなり低下します。

たとえば、学校のクラス全員に向かって先生が大声でどなっても、自分は大人数の一人なのでそれほどショックは受けませんね？　けれど、個人面談で同じことをされたら、まともにショックを受けてしまいます。それと同じ論理です。

何事も個人的に捉《とら》えないこと。「また言ってる」とか、「この間と同じことじゃないか」くらいの気持ちでいれば、自分を守ることができるのです。

ちょっと面白がって、「うわー、今日はさらにパワーアップだな」とか、「おお、そうきたか、変化球だ！」などと、内心思えるようになればバッチリです。そして、とにかく「相手に自分を合わせる」こと。そうすると、パワハラボスが怒りの中に「何を」求めているかが見えてきます。

そこをピンポイントで埋めれば最短で対処ができる、というわけです。

褒め言葉は期待しない 自分を褒めるのは自分自身

社会人になって1年目、当時の私はパワハラ受難の真っただ中でした。

「しごき」という名目のパワハラに対し、私が何を言っても、学生気分の抜けないお気楽新入社員の戯言《たわごと》、として片付けられていました。

そんな時に、大ボスに呼び出されたのです。

聞けば、パワハラをしているマネージャーが、しごきに何の反応もしなくなった私にいらいらして大ボスに苦情を言いに行ったのだとか。情報をもたらしてくれる同僚たちから事情を聞いて覚悟はしていましたが、さすがに部のトップと直接話をするのは憂鬱《ゆううつ》でした。

それでも、ひょっとして私の意見を聞いてもらえるかも、との淡い期待から、言い訳にならないような説明や自己アピール、提案を用意して行きました。

けれど、大ボスのスピーチが始まった途端に、全て胸の奥にしまいこんだのです。

体育会系気質そのものの日本人の大ボスは、座った瞬間に案の定、「下の者は黙って耐えろ」理論できました。

延々と続く、「部下はしごかれるから育つんだ」「上にいる人間は何年もの経験があるから黙って上の言うことを聞くのが正しい」というトップダウン式のお説教が、そろそろ退屈になっていた頃でした。彼が一言、こう言ったのです。

「まさか君は褒められないと仕事ができないんじゃないだろうな。仕事をして褒めてもらおうなんて甘い期待はするんじゃない。マネージャーは親じゃないんだぞ」

そこで、はっとしました。まだまだ続く彼の演説が間遠に聞こえるようになり、私は自分に問いかけたのです。

「もしかして、どこかで『褒めてほしい』と思っていたんじゃないの?」

結論は明らかでした。「褒めてほしい」とまでは思っていなかったのですが、心のどこかで、「認めてほしい、自分が精一杯の努力をして結果を出していることを分かってほしい」とは思っていたのです。

確かに大ボスの言う通り、マネージャーは「上司」であって、「親」ではないのです。度量のある人から肝っ玉の小さい人まで、いろいろな人がいます。それら全ての人に、「褒めてもらおう」「認めてもらおう」と期待をする方がいけないのです。

だったらどうするのがよいでしょう？

大事なのは「褒め言葉、認められる言葉は期待しない」という姿勢です。

つまり、相手からの褒め言葉や認められることを期待するのではなく、精一杯仕事をしたら、自分で自分を評価することが必要だったのです。

客観的に自分の仕事ぶりを分析し、よくやったと思えば正当な評価を自分に与えること。

自分で自分を褒めて、自分を認めてあげることで、自分自身にエネルギーを与えること。

これが正しい働き方なのです。

そういう働き方をしていれば、上司からの評価は後から自然とついてきます。

「褒め言葉は期待しない、自分を褒めるのは自分自身」

この体育会系わがままボスから学んだ、一番の教えでした。

ありえない無理難題は、柔軟性を身につけるビッグチャンス

「あり得ない！」

無理難題が降りかかってきた時のそんな常套句《じょうとうく》を、あなたもきっと使った経験があるのではないでしょうか。

それが上司からの無理難題となると、どうやっても逃げることは不可能です。

もうダメだ。どうやっても解決法が浮かばない、きっとクビになる……。

そんなことを考えているあなたの頭の中は、がっちがちでパンク寸前。

目の前も見えなくなっているような、周囲の音さえ聞こえないような状態です。

たとえてみれば、頭から袋をかぶって、わーわー走り回っているようなもの。そのうちあちこちにぶつかって気を失ってしまうのがオチですね。

でも実は、無理難題を出された時こそが、柔軟性を身につけるビッグチャンスなのです。

物事は何でも解釈次第です。「無理難題」と頭の中で解釈し、そう認識した瞬間から、目の前のお題は、あなたの常識では越えられない、理解できない事柄となってしまいます。

それでも絶対に何とかしなければならないのであれば、残された道は一つしかありません。

どうにかして「今」の自分から脱却することです。

自分が常識と思っていることの殻から飛び出し、全く先入観のない世界へ視野を広げなくてはなりません。**最初から「これはダメ」「あれは使えない」と思えば、全ての可能性が潰《つぶ》れます。**頭が凝り固まって、他のことが考えられない状態から、冒頭の言葉「ありえない」へとつながってしまうのです。

今、自分はどうしてあり得ないと思っているのだろう。

「あり得ない」を「あり得る」に変えるためにはどうしたらいいのだろう。

そう考え始めたとたんに、頭が少し柔らかくなります。あなたの中に**柔軟性の芽**が生まれた瞬間です。

- **日本のビジネス手法に加えて、海外のビジネス手法を調べて取り入れてみる。**
- **取引先のコストが下がらないのだったら、そこと同じ、もしくはそれ以上の技術を持つ、**

まだ小さいけれどコストの低い会社との取引を提案してみる。

・自分より年下で経験が浅いスタッフからの意見にも、真摯《しんし》に耳を傾けて解決法を模索してみる。

一つ一つ挙げ出したらきりがありません。

けれど、自分への質問を繰り返し、あらゆる方向性を考え始めた時に、あなたはもう柔軟性を身につけ始めているのです。柔軟性は、今まで気づかなかった可能性への扉です。

「無理難題が来たら、柔軟性を身につけるビッグチャンス！」

そんなちょっとした自分へのリマインドが、必ずやあなたを助けてくれます。

あなたのそばのわがまま上司への対処にも効果的です。

距離を縮めようとしてくる上司は極力受け入れる――ただし線引きは忘れずに

働いていて、時として自分に異常接近してくる上司に出会うことはありませんか。

ここで一人のビジネスマンの話をしましょう。

Kさんがある日残業をしていると、上司から飲みに誘われました。その上司の仕事のレベルは普通。特別デキるわけでもなく、デキないわけでもありません。けれど、ものすごく上昇志向の強いタイプでした。

自分の足を引っ張る人間にはとても敏感で、攻撃するという一面もありました。

普段から、この上司のためにいろいろと便宜をはかったり、彼の仕事をカバーしたりしてあげていたKさんでしたが、飲みに誘われるのは珍しいと、少し嬉《うれ》しい気持ちでついて行ったのです。

座ってお酒が入ると、いつもより饒舌《じょうぜつ》になった上司は会社や仕事について話し始め、Kさんにもいろいろと質問をしてきました。

最初の方こそ少しだけ警戒していたKさんでしたが、話をしているうちに、だんだんリラックスしてきました。上司が自分のことを褒めてくれたり、「とても期待をしている」と何度も言ってくれたからです。

そして、これからどんな仕事をしたいのか聞かれたので、正直に自分が目指すゴールについて話しました。

Kさんはいずれ海外支店で働くことを希望していたのでした。

「君のような部下がいてくれて本当に助かっているよ。これからもどうか宜《よろ》しく頼む」

さんざん褒めてくれた上に、美味《おい》しい食事までご馳走《ちそう》してくれた上司にすっかり感謝したKさんは、この上司の言葉に気持ちを込めて答えたそうです。

「もちろんです、そんなに言っていただいて感謝してます。これからも精一杯頑張りますので、どうぞよろしくお願いいたします」

翌朝、朝一番で上司に昨夜のお礼を言いに行き、「自分は認められている」という誇らしい気持ちで仕事を始めたKさんは、上司の仕事を残業してでも積極的に手伝い、彼のために頑張ろうと思いました。

そんなある日、思いもかけない話が飛び込んできました。

情報源は社内情報通の同僚です。

「いやー意外だったよ。君は海外支店を目指していると思ってたんだけど」

青天の霹靂《へきれき》でした。なぜこの同僚がいきなりこんなことを自分に言ってきたのかが、全く理解できなかったからです。話をうながすと、驚きの事実が浮かび上がりました。

Kさんが仕事がデキるので、以前から彼に目をつけていた別の部署のマネージャーが、彼を自分のチームに異動させたいと思っていたのです。

その部署は、海外支店とのやりとりが多く、そこで働いていれば、いずれ海外で仕事ができる道も開けるところでした。

けれど、そのマネージャーが人事部とKさんの上司にアプローチをし、相談したところ、なんとKさんの上司からの返事はこうでした。

「Kと話をしたが、彼は私の下で精一杯頑張りたいと思っているそうだ」

その瞬間に、あの晩、上司がなぜ自分を飲みに連れ出して、さんざん褒めてご馳走してくれたかが、Kさんの頭の中ですべてクリアになったのです。

猛烈な怒りが込み上げてきて、その日の午後は仕事が手につかなくなりました。

冷静にならなければと思いつつも、涙があふれそうになったそうです。

そしてその後、自分が十分に冷静になれたと判断してから、上司のところへ話に行きました。

「君は僕の下で幸せに働いていると言ったじゃないか。問題はないと。『いずれ』海外支店に行きたいということは聞いたけれど、君は『いずれ』と言ったよね？　そして最後に『僕の下で』精一杯頑張っていくと」

まったく腑《ふ》に落ちないといった様子で、上司はそう答えたそうです。

けれど、Kさんには分かっていました。悪気がないふりをしながらも、その上昇志向の強い上司は、「明確な意図を持って」Kさんの異動を邪魔したのです。

Kさんは仕事のデキる男性です。彼を部下に持っていれば、確実にメリットがあり、上司の手柄につながる。上昇志向の強い上司にとっては、絶対に手放したくないコマの一つ。他の部署に取られたら自分の出世にも響く、と考えたのでしょう。

Kさんはとても頭の良い男性だったので、その後も働き続けなくてはならない上司に向かって、それ以上反抗したり、問い詰めることはしませんでした。

ただ、その時にはっきりと悟ったそうです。

「この上司は、永遠に僕の尊敬と信頼を失った」と。

そしてKさんは悔しい思いを全て隠して、前にも増して一生懸命働き始めました。

あからさまにならないように気をつけながら、少しずつ上司をカバーすることをやめていきました。その都度、きちんと上司が納得せざるを得ないような状況を作っていったので、上司も不満に思いながらも文句が言えない状態でした。

というのも、表面的にはそれまで以上に「忠実な部下」を演じていたからです。

一方で、今までの何倍も努力し、アピールをして、自分に興味を持ってくれていた別の部署のマネージャーたちにアプローチしたのです。

かなり時間はかかりましたが、後にKさんは念願の海外支店での仕事を手に入れました。

そして、この話を聞かせてくれたKさんが、非常に面白いことを教えてくれたのです。

「あれは僕のせいでもあったんですよ。上司との間にでも、**『超えてはいけない線引き』**をしなければいけなかったのに、認めてもらいたい思いが先に立ってしまった。だから上司に不必要に距離を縮めさせてしまったんです。その結果、彼は僕を利用することになったわけですが、あれは、『僕』が彼にそうさせたのも一緒ですから」

相手が心から信頼できると思える上司でない限りは、そこまで気を許してはいけないと、Kさんは言います。

Kさんの上司と同じようなパターンの人は身の周りにいくらでもいるでしょう。

どんなに自分が若くて未熟でも、上司が距離を縮めてこようとしたら、ちょっと警鐘を鳴らしてみてください。

少しでも「ん？」と思ったならば、きっちりと線引きをするのはあなたの役目です。

相手に悟られないように、あくまでも表面上は最高の部下として、内面はきちんと自分を守れるように距離を保って。それがデキる社会人の考え方と行動です。

“長いものに巻かれる”のは、決して悪いことではない

昨今の、ダイバーシティ（人種、国籍、性、年齢に関係なく人材を活用する考え方）の影響によって、女性管理職も増えてきました。

日本では「草食系男子」などという言葉もできたように、女性の方が優秀で強くなっている傾向があると、エグゼクティブの知人たちは口をそろえます。

そんな中、実際に女性のボスから日常的にお誘いをかけられたり、必要以上に体を触られたりする、いわゆる「セクハラ」を経験している男性の話を耳にすることがあります。

もちろん、今でも大半は男性上司から女性社員への行動が主ですが、それでもこの「セクハラ」については、男女共に共通の悩みであると言えるでしょう。

「いやー、僕の名言があってね。『長いものには巻かれろ、ナガイには抱かれろ』ってね！」

欧米であれば、瞬間レッドカードのセリフを口にしたのは、私が初めて勤めた会社の、比較的上の役職にいるマネージャーでした。

もし、このマネージャーが本当に好色そうな人であれば、たちどころに敬遠するところですが、ご本人は全く無邪気なにこにこ顔。

先輩の女性社員たちは「また始まったわ」と軽く受け流していましたが、入社直後の新人の私には、とても強烈なセリフで、今でも忘れることができません。

私自身もセクハラを経験しましたが、何度経験しても憂鬱でしかありません。できれば、一発ガツンとお見舞いして差し上げたいような気分。でも大抵、セクハラをしかけてくるのは自分よりも偉い人なので、到底そんなことはできませんね。

セクハラを受けた多くの人がとる行動が、泣き寝入りか、相手に嫌よ嫌よと弱く抵抗するかのどちらかです。

けれど、このどちらの行動も、セクハラをする相手を増長させてしまうのです。

「おやめください」と言われれば、なおさら嬉々《きき》として張り切ってしまうのが、このタチの悪いセクハラ軍団。彼らにとっては、「もっとやってください」と言われているのと同じなのです。

では一体どうしたらよいのでしょう?

ここで先ほど出てきた、マネージャーのセリフが再登場します。

つまり、**「長いものに巻かれる」**のです。

もちろんセクハラを我慢して、相手にやりたい放題させろと言っているわけではありません。セクハラには無表情になるのです。とにかく反応しないこと。無反応になるのです。うつろな目でぼーっと亡霊のように相手を覗《のぞ》き込むと、さらに効果的です。

相手にあらがわない、反抗しないように気をつけながら、すっとよける術《すべ》を身につけてください。その上で、その相手の注意を別のところへ逸《そ》らすのです。つまり仕事です。

そういったタイプは会社にいる一番の目的が仕事ではないので、大部分は決して仕事がデキるわけではありません。

そこに注目します。

そして、彼のするべき仕事を「あなたが」することで、あなたが「役に立つ」相手だと認識させるのです。すると「セクハラをできる相手は他にいるけれど、自分の仕事に役に立つ相手はそういない」ということが分かってきます。

あなたが仕事をしてくれないと自分が損をする、というところまで相手が分かるようになればしめたもの。あとは、「セクハラをするなら仕事をしませんよ」という意思を、にっこりと、しかし、はっきりと示すようにします。

セクハラのお相手はできませんが、「お仕事ではきっとお役に立ちます」というスタンスに出るのです。

難しいでしょうか？　いえ、実はやってみると意外とできるもの。

「にっくきセクハラ犯に媚《こ》びるようで絶対嫌だ！」

そう思われる方もいるでしょう。でも、もしあなたが今の職場にいたいのならば、とりあえずこの作戦を試してみてください。同時進行で粛々と証拠集めをすることも忘れずに。

相手がどうしてもセクハラをやめようとしない、もしくはその程度が増長するようであれば、証拠を持って出るところへ出ればいい、ということです。

社会人になれば、「好き・嫌い」で仕事はできません。最後に頼れるのは自分だけ。自分の現状を打破するためには自分で行動するしかありません。

残念ながら、力あるものに追従する、「長いものに巻かれろ」も、時には必要なのです。

でもそこで、自分の望む結果のため、この場合なら、セクハラをやめさせるために、その一時期を「受け流す」ことができたら、あなたの社会人力も磨きがかかること請け合いです。

パワハラは反応したら終わり。自分を現実から引き離して「外から」眺めてみる

お話ししてきたように、同じパワハラでも、「デキる」上司のパワハラというものには、まだ救いがあると思います。パワハラは本当に辛《つら》いものではありますが、相手が非常に優秀で、自分にも他人にも厳しい上司となれば、心のどこかで、

「しょうがないな……」

という気持ちが湧き上がるからです。

けれど、パワハラをする相手が仕事のデキない上司だとしたらどうでしょう。実力がないのに権力を握ってしまったら、それはもう魑魅魍魎《ちみもうりょう》のレベル。

「なんでこんなやつに！」

と怒りが込み上げ、屈辱や憎しみといったネガティブな感情が最高レベルにまで達して爆発しかねません。

このタイプの上司は、認めたくなくても、どこかで自身の能力の限界を認識していますから、余計に自分を脅かす能力のある部下や、生意気な相手を攻撃しがちです。

それだけでなく、弱い相手であれば完璧《かんぺき》にいじめることができるので、なおさらエゴと欲望を満たすために執拗《しつよう》に攻撃し続けるのです。そんな低レベルの本気のパワハラにあなたが反応したら、確実に負けることになるでしょう。

そもそも、すでにそのすさまじいネガティブエネルギーに巻き込まれているとしたら、「相手の視点」からしか状況が見えなくなっています。

洗濯機の水の渦の中で自分がくるくる回っているところを想像してみてください。まさにその状態です。そんな時に冷静な判断ができるはずがありません。

だから、ここで一番必要なのは、**「自分を現実から引き離す」**という行動です。

問題の渦中にいて、くるくる回っている自分をつまみあげて、「外から」状況が見えるような場所においてあげるということなのです。

実際に自分が自分をつまみあげているところを想像してみてください。一瞬、自分がパワハラを受けている状況から気が逸れるのではないでしょうか。

そして今度は、パワハラ上司と自分を、第三者になった気分で観察してみるのです。

他人事として見ると、冷静になれて、状況がもっとよく見えてきます。

「何が」パワハラ上司に自分を攻撃させているのか。

「なぜ」パワハラ上司は怒っているのか。

その理由が見えてきたら大成功です。

自分が何かのきっかけになっていることも多いのです。アレルギー反応のように、あなたの何かしらの部分に相手が反応しているのであれば、それを取り除けば話が早いのです。

相手は変えられなくても、自分は変えられます。

相手が反応している原因を潰して、相手が喜ぶ、いらいらしないことを試してみます。

上司があなたの能力に脅かされていると感じたら、その能力を手柄として差し出してみる。

パワハラを誘発する自分の行動を、事前に変えてみる。

これらが、一番の「対処法」になります。


そして、もう一つ。パワハラは受けた人の怒りのエネルギーの上限を引き上げてくれます。

忍耐強さと、相手からの攻撃を受け流す強さの訓練をしてくれるのです。

実際にパワハラにあっていた男性が、ある日こんなことを言っていました。

「パワハラが始まった途端、自分に暗示をかけるんだ。**『これは忍耐強くなるトレーニング。彼には僕という人間を傷つける力も権利もない。自分は絶対に大丈夫』**って。自分さえ強く冷静でいられれば、必ず対処できる」

もちろん、ただ耐えろということではありません。

この男性は確実に「証拠」を残していました。ポケットに入れた**ボイスレコーダーで一部始終を録音。メールのやりとりも全て保存して、印刷して保管。**それは自分の保険だったと言っていました。

「いざとなったら、これを持って出るところに出るから」

その気持ちが、実際にことを起こさなくても自分を支えてくれていたといいます。

どうでしょう。「もうだめだ」と諦める前にこれらの方法を試してみてください。意外な結果でプラスに転じるはずです。

「胃は切れてもハゲは許せない！」やるだけやったら逃げていい

私が社会人になった当時はまだパワハラなどという言葉も存在せず、お尻の青い新入社員の私たちは、一度目をつけられたら最後〝当たるも八卦、当たらぬも八卦〟というギャンブル的な立ち位置にいました。

ジョブ・ローテーションといって、同じ部内の課を転々とするトレーニングの後に私を待っていたのは、できたばかりのグループ。新しく他の会社から移ってきた男性二人が上司でした。上司となった男性は、ヘビースモーカーでコンピューターに強い頭の良い人だったのですが、その人が連れてきたのが、どう見てもいかがわしいオーラ全開の男性。

案の定、この男性、笑ってしまうくらいの二重人格者だったのです。

上司や同僚の前では私のことを「～ちゃん」付けで呼び親密な雰囲気を演出し、皆を笑わせようとおどけたり、「かわいい子ぶりっこ」ポーズをしたりします。

ところが、なぜか午後4時前後になると人格が変わるのです。

ある日、その正体を目の当たりにすることになってしまいました。

会議室からの内線電話が鳴り、いぶかしみながら応答すると、この男性の声が。

「今すぐ、会議室に、来いや」

低い、ドスの効いた関西弁が耳の中いっぱいに広がりました。

嫌な予感がしながらもノックして部屋に入ると、いつも上の人にへつらったり、かわい子ぶっている彼は不在。代わりに踏ん反り返ったチンピラが座っていたのです。

「何で呼ばれたか分かってんのかぁ、ええっ？」

なんとなく相性が悪いのは分かっていましたが、まさか「相性が悪いからですよね？」とは言えません。呆然《ぼうぜん》と立ちすくむ私に向かって、攻撃開始です。

「お前、大体において生意気や。なんやそのスーツの色は、ええっ!?　新卒は黒かグレーと相場が決まっとるやろ！　何で青なんて着てるんや、ええっ!?」

1センテンスごとに入る「ええっ!?」に、返事をして良いのか悪いのかも分からず、これは夢ではなかろうかと思いながら、ひたすら罵倒に耐えました。

いつから新卒は黒かグレーと決まったんだろうか、外資系ではそんなことは関係ないはずなのに。いや、でもそんなことを考えている場合ではない……と自分に言い聞かせては意識を現実に戻しますが、彼の悪態はもう止まるところを知りません。

今となってはお笑い草ですが、ついに最後には、古風なとどめの一言が飛び出しました。

「大体なんや、女のくせに大学出たから威張ってんのか？　ええっ!?　女はさっさと嫁行きゃええんや！」


その日から試練の日々が始まりました。

今でこそ、非道な扱いにはすぐに行動を起こせるだけの度胸がありますが、当時はまだ何といっても社会人1年目。百戦錬磨のチンピラに勝てるわけがありません。ひたすら彼のカンに触らぬようにしながらも、向き合った机の間に、彼と目が合わないよう書類をさりげなく積み上げるのが精一杯の抵抗でした。

そのうちに胃がしくしくと痛むようになったのです。

この彼、上司がいない朝はお酒臭い息で堂々と遅刻をしてきて、どっかり席に座り込むやいなや、どこかへ電話をかけてお決まりの一言。

「どや〜、今日の相場は〜!?」

それを聞くとなぜか、うっと吐き気を催しトイレへ駆け込むようになりました。病院へ行くと見事に胃が切れて出血しているとのこと。そのうちにドクターストップがかかりましたが、ここで負けてはならぬと必死に毎日出社したのです。

若さ故に引くことを知らなかった私は、23歳でありとあらゆる胃薬、胃カメラ、養命酒、各種クリニック、その他のものにお世話になりました。

そんなある日のこと、週末に美容室で髪の毛を切ってもらっていると、美容師さんが「あれ？」と小さく叫んだのです。

「どうしたの？　1円ハゲが3つもできてるよ！」

何が起きたのかは分かりません。でも私の中で何かが「プッチン」と弾け飛びました。

「胃は切れてもハゲは許せない！」

そう思ったのを覚えています。そして何もかもがすっきりしました。

「もういいや、辞めよう！」

薬局で1円ハゲに効くという軟膏《なんこう》を買いながら、思わず声に出た自分の心からの言葉に満足し、その晩は久々にぐっすりと眠れたのです。

なぜ「ハゲ」でそんな決意を……？　そう思われるかもしれません。もちろん、「きっかけ」は人によって様々です。私の場合は1円ハゲだったということに過ぎません。

重要なのはサインを見逃さないこと。

自分がやるだけやった時、それでも状況が打開されない時は、自分の心に素直になって次のステージに進むのが正しい選択です。

力を尽くしたのに状況が変わらないのであれば、執着するのは無意味。

というのも、固執や執着があなたの可能性を台無しにし、大切なエネルギーを無駄遣いすることにつながるからです。

だったら現状をすっきり捨て去って、新しい道を選びましょう。

時々自分があのままチンピラさんの下にいたら……そう考えることがあります。

恐らく身体はボロボロ。1円ハゲではなくて、頭全部が水玉状態になっていたかもしれません。

「新卒だから頑張らなくては」

「希望していた会社に入れたのだから辞めるのはもったいない」

そんなしがらみに縛られていた頃は、自分のことを考える余裕はありませんでした。

でも、**目線を相手から自分へ移した時、初めて自分を「大切にして認めてあげる」ということに気がついたのです。**

十分努力した。やるだけのことはやった。

ならばもう何も後悔はないはず。

不毛に自分のエネルギーを消耗しきってしまう前に、自分の努力と価値を認めて、しっかり評価してくれるところへ移りましょう。

同じ会社内の別の部署でも、別の会社でも構いません。

会社名や、メンツや、他人からの評価……後から考えれば、あんなに大事だと思っていたことが、全て大したことではなかったことが分かるように、必ずなるのですから。

大切なのは自分です。

文書にできないことは絶対に信用しない！

実は、私は10日間だけ、全く業種の違う会社に在籍したことがあります。

中途採用で、旅行会社の国際営業という部署からオファーをいただいたのです。営業の仕事を是非したいと思っていた私は、本店の面接官ととても有意義な話をさせていただき、仕事の内容も十分に説明してもらいました。その上で契約書にありがたくサインをし、中途採用者が参加する研修を受けることになったのです。「外資ではこんなに丁寧な研修は受けられない。さすが日本企業だ」と感激したものでした。

そして無事研修を終えた後、配属先が決定。大きな支店にある国際営業部に行くことになりました。

出社初日、とても感じの良い女性に案内されて支店長のデスクへ到着した私は、一瞬目を疑ったのです。

彼のデスクの上には、灰皿に山盛りのタバコの吸い殻。書類もぐちゃぐちゃ、ペンもあちこちにちらばっています。お茶を運んできた女性に「ありがとう」の一つもなく、グビッと音を立ててそのお茶を飲んだ彼が切り出しました。

「ああ、いらっしゃい。あのね、いきなりで悪いんだけどね。おととい、新人が逃げ出しちゃってねぇ……」

一瞬何が何だか分からないまま、「はい」と返事をしました。

「……というわけでね。君にはうちの支店付きのカウンターに行ってほしいんだよ。コンサートホール内に出してる立ちカウンターなんだけどね。もうお迎えの人来てるからさ」

横を見ると、人の良さそうな中年の男性が恐縮した様子で立っています。

支店長の「……というわけでね」という言葉の、「何が」「どうして」なのかが全く分からないまま、私はその感じの良い男性に連れられて外に出ました。

「すみません。話が見えないので、もう一度説明していただけますか？」

やっと我に返ってそう質問した時には、その男性と一緒に改札を抜けて電車のホームへ向かっていました。

その男性の口から出たのは、またもや驚きの一言。

支店長の言った通り、有名大学を出て、新卒で入ったばかりの男性が、この立ちカウンターに配属されて1カ月かそこらで急に逃げるように辞めてしまったのだそうです。

「本当に残念でした……」と、その男性はがっかりした様子でした。

ようやく話が見えてきたのはその時でした。

「私は『国際営業』へ配属していただけるとのことで入社したのですが」

と切り出すと、男性は申し訳なさそうにこう言ったのです。

「私が支店長から聞いた話だと、今日からあなたが来るので、（逃げ出した男性の代わりに）働いてもらえばいいとのことでした。ですから大変言いにくいのですが、あなたが配属されるはずだった国際営業の話はしばらくお預けになると思います」

絶句しましたが、とりあえず、この男性がとても良い方なのと、その新卒男性が逃げ出した場所を見てみたいという好奇心で、その後はおとなしく世間話をしながらついていってみることにしたのです。

にこにこと出迎えてくれた優しい女性の先輩二人が、仕事の説明をしてくれます。

「あのね、ここ、実はあまり仕事がないの。コンサートに来るお客様が、うちに置いてあるパンフレットを持って行ってくださる時に説明したりするのがメインだから。あとは切符を取りに来たりとか？　そうそう、面白いのがね、コンサート始まると道案内をすることも多いのよ！

トイレ案内のプロになっちゃうわ！」

冗談か本気か分からなかったのですが、良い方たちなのは分かりました。

「仲良くしましょうね。この前までいた彼は、なんだか馴染《なじ》めなかったみたいで残念だったの。ここ、小さいけど家族みたいだし、冬は一緒にスキーとかにも行くのよ。カラオケも」

もう一人の方が説明を続けてくれます。

「あ！　それにね、私たち、ここの社員食堂を使えるの。結構美味しいのよ！」

◆契約書にサインしたのに……

「あの……それで私の仕事は……」

「そんな初日から張り切らなくても大丈夫」と気遣いを見せてくれた女性たちに、お願いだから何かさせてほしいと頼み込むと、パンフレットの束を渡されました。

パンフレットの裏に、支店名のスタンプを押すのです。立ちカウンターの後ろにある、階段の下の薄暗い1畳ほどの倉庫でペッタンペッタンしているうちに、怒りが込み上げてきました。

契約書にサインをしたのに、これは一体どういうことだろう？

もちろん、その優しい先輩の女性たちの仕事についてどうこう言う気は全くないのです。

それどころか、自分の職場にこんな良い先輩たちがいたら、毎日が楽しく過ごせていたはずだと、今でも思い出すと嬉しくなります。

接客の態度もそばから見ていても感心するほど丁寧で、親切なものでしたし、電話の内容を聞いていても、受け答えから説明まで、仕事がデキる人たちそのものでした。

けれど、その時の私にはやりたいことが別にあり、「その仕事をする」という条件で、一個人としてきちんと会社と契約したつもりだったのです。

その日、定時ぴったりに「もう帰っていいわよ、お疲れさま」と温かい笑顔に見送られた後、私は本店の人事部に直行しました。

昼間のうちに電話でアポイントメントを取っておいたので、到着とともにすぐに会議室に通されました。じきに面接時に私にいろいろ説明をしてくれ、私にどれだけ期待をしているかと言ってくれた責任者の方が入ってきて、深いため息をついたのです。

「いや～……ちょっと予想外のことが起きましてね。支店長と話をしたんですが、どうしてもあなたを今、国際営業に異動させるわけにはいかないって言うんですよ。我々としても非常に困惑しているんですが、あなたの身はすでに本店の手を離れて支店に行ってるので、手を出すわけにはいかなくて……」

本日最後の絶句でした。

何を言っているのか理解できない。会社としての契約はどうなるのか、この前私に言った話は何だったのか？　矢継ぎ早に質問をすると、驚きの一言が返ってきました。

「外資系におられたから、白黒はっきりに慣れていらっしゃるんですよね。でも、日本企業では、『なあなあ』ということが存在するんです。ですから、ね？　なんとか『なあなあ』で、ここはこらえて2～3年頑張っていただければ、そのうち必ず国際営業に移ってもらえるように我々もフォローしますから」

ショックのあまり、笑いが込み上げてきたのを覚えています。

ドッキリ番組か何かで、この人は絶対に冗談を言っているに違いないと。きちんとした企業の担当者が、「なあなあ」という言葉を口にしたこと。契約が守られないことに危機感がまるでないこと。これが欧米であれば、速攻訴えられてもおかしくない事例です。

「それでは辞表を出させていただきたいのですが」

しばらく考えてから、そうお願いしたところ、今度は担当者の方が絶句する番でした。

◆文書にできないことは信用しない

そんなに早まらなくても、そんなこと前例がない、2～3年我慢してくれれば……と説得してくださったのですが、そこで、

「それでは2～3年後に、契約通りその部署へ移してくださる旨、文書でいただけますか」

と尋ねると、それは難しい、とのこと。

文書にできないことを信用するのは非常に危険な賭《か》けでしたし、先方にとって「たった2〜3年」でも、私の人生においての2〜3年は、とても貴重な長い時間でした。

何日かやりとりが続きましたが、ようやく正式に退職届は受理されることになりました。

日本のやり方では、どんなに意に添わなくとも「与えられた部署や仕事、職場」を受諾する以外に道はない。今でもそう思って仕事をしていらっしゃる方が多いと思います。けれど、私はあえてそうではない選択もあると申し上げたいのです。

仕事は与えられる（選ばれる）だけでなく、私たち**「働く側が選ぶ」権利**もあるのです。なぜなら、自分の仕事にどれだけの情熱を持ち、どれだけ好きになれるかによって、会社への貢献度が全く違ってくるからです。

得意な分野、興味がある分野で能力が生かせれば生産性も上がります。

貢献できる自分に自信を持って、「選ばれる」側から、自分の意思で「選ぶ」という選択もあるということを、どうか頭の隅に置いておいてください。

綺麗事ではなく、仕事への情熱や、好きという気持ちは非常に強力な武器になります。

会社とあなたは同等な立場。どちらか一方が「選ぶ」「選ばれる」ではなく、対等なパートナーとして契約を結んでいることを理解すれば、仕事への姿勢にも違いが出てきます。

全て記録！
一流は自分の身は自分で守る

あなたは毎日、どのくらいの頻度で記録をとっていますか？

実は、何か大きな問題が起きた時、この「記録をとる」習慣があなたを助けてくれます。

けれど、相手の善意を信じるのが美徳である日本においては、まだまだこの習慣が浸透しきっていないような気がします。

信用して仕事をしているはずの相手に、「念のために」と言い出すのはとても勇気がいることですね。時として相手を不愉快にさせる危険もありますし、プロ意識が欠けていたり、あなたに100％誠実でない相手ほど、「疑われた」と怒りをあらわにするでしょう。

プロ意識が欠けていると言ったのは、**「プロならば」記録する、書面に残すのは当然のことで、それを咎《とが》めるのはプロではない証拠だからです。**

知人や家族の保証人になった結果、自分がその借金を背負うことになる悲劇はあちこちでありますが、これもきちんと記録がとってあるからです。逆に言えば、書面がなければ、このような責任も発生したりしないわけです。

海外では、私たち日本人は「騙《だま》しやすい」と今でも思われています。

もちろん、騙そうと思っている悪い人ばかりではありませんが、日本人を形容する時によく出てくるネガティブな言葉の一つに、「gullible（ガラブル）」というものがあります。訳すと、「誰のことでも信じやすい、騙されやすい」。決して褒め言葉ではありませんね。

平和な国で、平和に暮らしているのはとても良いことのはずなのですが、ビジネスにおいてはこれは本当に致命的な欠陥です。

相手の言い値をそのまま受け入れてしまう。「これはこうだ」と言われれば、そういうものかと自ら分析せずにそのまま納得してしまう。「信じてくれ」と言われたら、状況を細部まで調べずに信じてしまう。

どれも非常に危険なことなのです。会社においても、このやや「平和ボケ」の部分があなたを落とし穴へと誘い込むかもしれません。

なにも疑心暗鬼に日々を過ごすようにと言っているわけではありません。

あくまでも、「ビジネス」ということを念頭に、**どんな場面でも記録にして残すように**気をつけていただきたいだけなのです。

・電話で確認したことを、きちんとメールで相手に送って再確認する必要性
・上司に、「今回の昇進は逃したけれど、来年は必ず実現させるから辞めないでほしい」と言われたら一筆書いてもらう必要性
・「状況がはっきりするまで君のところで止めておいてほしい」と言われたら、さりげなくメールでそのことを承諾した旨を頼んだ本人に送って、「証拠」としておく必要性

これら全ては、自分を守るための必要不可欠な行動です。

言い換えてみれば、日本人＝gullible の構図は、「自分で自分の身を守る意識が低い」とも言えるかもしれません。

何があっても自分を守ってくれる上司がいるのなら、そしてその人を自分の会社人生をかけてもよいくらい信用できるなら、それはとても幸せなこと。

けれど、そこまで幸運な人は、残念ながら多くはいないでしょう。

「自分の身は自分で守る」

それが社会人としての最低のマナー。その自立心の強さが、あなたを数々のトラブルから守ってくれるのです。

第2章

仕事もデキるが〝わがまま〟も世界レベル◆NYの大手銀行編

どんなに良い会社でも、結局は人と組織の相性だと悟って前の会社を飛び出すことにした私に仕事をくれたのが、NYに本店を構えていたアメリカ 手銀行でした。ここは、最終的にドイツの会社に合併されるのですが、世界中にちらばる支店のスタッフも含め、非常に優秀な人材が揃っていました。

日本人初のパートナーに選ばれ、トレーディングルームを率いていたボスの、「君は秘書に向いている」との一言から、後に自分の天職となる秘書という仕事を始めることになりました。

当時日本はバブルの真っ只中。所属していたトレーディングルームでは、今までの人生で経験したことのない金額の取引が日々行われ、世界中をつなぐ金融市場の動きを目の当たりにして、背中がゾクゾクするほどの興奮を覚えました。結果重視で途中のプロセスは全て任せると言ってくれた切れ者ボスたちからの貴重な教え、本店・支店から東京に訪れる多くの出張者との交流、少数精鋭で誰もがキラリと光るものを持っていた同僚たちからの学びで、社会人として大きく成長できた場所となりました。

ボスからの無理難題をこなすことに快感とやりがいを感じたのもこの時期です。

当時、本店から各国支店のトレーディングルームを指揮していたまだ若いトップには、彼よりずっと年上のベテラン秘書がついていました。今でも私の一番尊敬する女性である彼女と仕事ができたことは、今の私の原点になりました。

無限の可能性を手に入れる たった一つのシンプルな方法

「君が秘書以外の仕事に興味があるのは分かった」

しばし黙って考え込んだ後に、強い視線でまっすぐ私を見つめながら静かに話し出した彼の口調には、有無を言わせぬ響き以外に、なぜか私を納得させてしまうものが混じっていました。

「自分で仕事をしたいのであって、誰かのサポートをする『秘書』をやりたいわけではない」

と言った私を、面接を受けるだけ受けてみるように説得したヘッドハンターの後押しで、その日、この彼と向き合って座ることになったのです。

「新卒で入社した会社で営業を目指していたのに、なぜ秘書のポジションを？」

と問われ、いちかばちかで本音を吐露した直後のことでした。

「けれどね、僕はやっぱり君は秘書に向いていると思う。だから、この条件でどうだろうか。僕の秘書を1カ月やってみる。それでもやっぱり気に入らなければ、僕の下についている部署の一つに移してあげよう。考えてごらん、君には何の損もないだろう？」

そのシンプルな言葉の説得力に、今度は私が黙る番でした。

そしてなぜか突然、この彼の言葉に乗ってみようという気になったのです。

もちろん不安はありました。私にとっては、自分が目指していたものよりも下のポジションです。将来性もお給料も違ってきます。

1カ月経って、もし約束が守られなければ、また転職活動をしなくてはなりません。けれども、その面接からの帰り道、彼の言葉を反芻《はんすう》しながら、「これで思うようにいかなくても、世の中の終わりというわけではない」と思い至ったのでした。

そうして、「彼」がボスになり、その下で働き始めて2週間も経たないうちに、自分がいかに秘書という仕事を楽しんでいるかに気づかされることになりました。

海のものとも山のものとも分からない私に、**「君を信用するから結果を出せ」と言ってくれたボスに仕事を任せられるという喜びは、前職では味わえなかった満足感でした。**

ビジネスの最前線で活躍することを夢見ていた自分が、縁の下の力持ちにやりがいを感じるのも意外な発見でしたが、毎日充実感を味わえる仕事を見つけられたのは、何よりの幸運だったと思っています。

面接の時に、自分の希望と違うことを言われたからと、主義主張を曲げずに断ることは十分可能でした。でもリスクを背負って、とにかくやってみると、こんなおまけがついてくるのだと、その時初めて身をもって体験したのです。

もちろん成功ばかりではありません。時として、やってみてもやはり……という場面だって多々あります。でも、その時は単純に修正すればよいのです。**一度決めたらそれで終わり、というのはあまりにももったいない考え**です。可能性は無数に、そして私たちの周りには無限の選択肢が転がっているからです。

こうと思い込んで視野を狭くしていたら、得する情報も逃してしまいます。

時には思い切ってチャンスに「乗って」みる。
落ち着いて周りを見回して、他のオプションを探してみる。
方向転換は、「負け」でも「いけないこと」でもないのだと理解する。

たとえ、それがうまくいかなかったとしても、別に命を失うわけではありません。道は一つではないのです。失敗したり、気にいらなければ別の道を試してみればいいだけ。深く考えるのをやめて、「今」に集中して小さな楽しみを見つけるようにすれば、あなたは無限の可能性を手に入れられるのです。

デキる上司はコストセーブの本質を知っている

「ねえ、あの部署のSさん、今朝一番でクビになったらしいよ」

やっぱり……。

それがまず一番に頭に浮かんだ言葉でした。教えてくれた同僚の顔を見ると、同情の表情はなく、彼もまた同じように感じているのが分かりました。

Sさんは、知らない人が見ると「羽振りの良い営業マン」といった感じの中年男性。けれど身につけている高級な時計やスーツが、なぜかしっくりしていないような、そんな不思議な印象がある人でした。

実は、Sさんには問題がありました。彼の経費の使い方が半端ではなかったのです。いくらもうかっている部署で働いていて、お客様への接待が重要だといっても、見るたびに彼はレストランガイドとにらめっこ。

「さあ次はどこへ行こうかなあ」

と半分自分の趣味も入っているような様子でした。聞けば出張の際も、飛行距離が短いので「役職が上でもエコノミー」と決められている路線でも、

「お客様にビジネスクラスで一緒に行こうと言われているからしょうがない」

などと様々な言い訳を考え出しては、上司から特別に許可をもらってビジネスクラスに乗ったりしていました。冷静に考えれば、一人で帰ってくる戻りの飛行機はエコノミーにしてもよさそうなものなのですが……。

それだけではありません。ホテルも必ず一番良いところ、接待のゴルフも高級なカントリークラブを選びます。まだそんなに遅くない時間でも家までタクシーで帰り、しっかり会社に請求です。明らかにお客様と一緒でない時も同じです。

私生活ではカードローンの問題があったという噂《うわさ》もあり、「自転車操業おじさん」というありがたくないあだ名もありました。

それでも、自慢屋なのが玉に瑕《きず》以外は、彼は性格が悪いわけでもなく、周囲のスタッフとの関係も良好でした。

その彼の突然の解雇。

数字が上がっていないという話は聞いていましたが、皆の共通の認識は、やはり「経費の私

物化」の問題という点だったのです。

普段からプライベートでも自分のお金でビジネスクラスに乗ったり、良いホテルに泊まっているのだったら構いません。けれど、Sさんのように、私生活では驚くほどお金に細かいのに、会社の経費となると勘違いしてしまうタイプが、実はかなりの数で存在しています。

恐らく、今まで知りもしなかった世界に興奮してしまい、自分がとても偉くなったような気がするのでしょう。自分の懐は一切痛まないのに、「非日常的な世界」を体験できてしまうのですから。

彼らが忘れているのは、それらに費やされるお金は「会社のもの」という事実。**コストをきちんと管理し、必要以外の出費を抑えるのも、マネージャーに求められる大切な資質。**そのことがすっかりどこかへ飛んでいってしまうのです。

そしてそこに待ち受けているのは悲惨な結末です。

一度贅沢《ぜいたく》に慣れてしまった人が、それを取り上げられた時の衝撃は見ていて気の毒なほどです。あぶく銭、とはよく言ったものですね。

「でもいいのよ。無意味に何度もビジネスクラスで『旅行』したから、マイレージポイントだけはたまったでしょ！」

アシスタントの女性の痛烈な一言でした。

この話を聞いたアメリカ人の切れ者マネージャーが考え深げに話してくれたのが、自身の体験談でした。

「僕のうちは豊かではなかったからね、ビジネスクラスなんて乗ったこともなかったんだよ。もう何十年も前になるけど、初めてビジネスクラスで出張に行った時のことを、いまだに覚えているよ。足を踏み入れた瞬間、本当に感激したんだ。でもね、同時に身が引き締まる思いだった。これは会社の僕への期待。そして、これは皆で稼いでいる会社のお金だって。だからその分、精一杯働いて稼がなくちゃいけないんだって。そうしたら『ご褒美』で、またビジネスや、ラッキーならファーストクラスに乗れると思ってるよ」

最後は嬉しそうに、フフフと笑って話を終えると、コストをきちんと管理するマネージャーの表情に戻ったのでした。

このマネージャーは、予算があっても、手配をする秘書に、自分や部下が会社のお金で贅沢をすることはないと伝え、無駄なところは思い切って削る。時には部下に合わせて、一緒にエコノミーで出張をするような思いやりもありました。何よりも、自分が部下に差し入れをしたり、顧客にプレゼントをしたい時には、経費ではなく、自分のお金を使うことを当然としていました。

上司の経費の使い方を見ていれば、とても勉強になります。**中身がないまま地位が上になってしまった人ほど、会社の経費を私物化しています。**驕《おご》れる者は久しからず。そういったタイプには必ず終わりがやってきます。

会社のものは社員のものではありません。

普段どんなにわがままな上司でも、経費を大切に、感謝してコストセーブを心がけるからこそ、仕事ができ、尊敬されるのです。

経費は自分にだけでなく、部下を大切にするために使えるのが、優秀な上司の共通点です。

自分が会社の経費を使う立場になった時こそ、どうかこのことを是非思い出してください。

学歴よりも現場対応力!時代はストリート・スマートを求めている

私が務めていたアメリカの銀行では、24時間、世界中の金融市場で取引を行うトレーダーたちが、花形トップスターのように活躍していました。

そんな中、日本企業で同じ仕事をしていても、外資系とのお給料の差は驚くほど大きなものでした。

同じようにリスクを背負って仕事をしているのに、稼げば稼ぐほど自分のお給料も増える外資系トレーダーと違って、日本企業のトレーダーたちは、あくまでも決まった額の月給制。

それは、日本企業ではトレーダーという仕事を専門職というよりも会社の数ある部署の中の一つの仕事として捉えていたこと、また、人事異動で全く別の部署に移る可能性もあるという日本企業ならではの組織の違いからきています。

一方、**外資系においては、トレーダーは専門職。**一度トレーダーになった人が、突然、別の部署で違う仕事をするというケースはほとんどありません。

会社に大きな損益を出したら即座にクビが飛ぶ外資系トレーダーは、とても大きなリスクを背負って仕事をしているわけです。

自分が儲かっているうちはよいのですが、判断次第で突然職を失います。

だから、バブル当時のトレーダーの中でも、「あえて安定を求めて日本企業にいたい」という人と、「同じ仕事をしているのだから、どうせだったら大きく稼ぎたい」と外資系に転職する人、この二つにタイプが分かれていました（今でも事情はあまり変わりませんが…）。

けれど、どちらのタイプにも共通していたのが、ほとんどの場合が大卒ということ。日本では大卒採用が一般的な業種でも、欧米系では必ずしもそうではありません。

ある日、想像もつかないような大きな金額を稼ぎ出しているという、イギリス人の辣腕《らつわん》トレーダーが海外支店から出張してきました。

彼は同僚とゲラゲラ笑い転げていても、市場が始まると途端に表情が変わります。

次々に画面に現れる数字を見たり電話で情報を交換しながら、全身の神経が研ぎ澄まされているような感じが、後ろから見ていても分かりました。

少し市場が静かになると、途端にまたジョークの連発。

鼻歌を歌ったり、ふざけたり、談笑をしたり……。

でも、どんなにリラックスしているように見えても、誰と話をしていても、片耳と片目はしっかり相場の状況をうかがっているのでした。

その彼がある時教えてくれた、「僕、高卒だからね」という言葉にびっくりしていると、私のボスが説明をしてくれたのです。

「海外では多いよ、彼のようなストリート・スマート（学歴がなくても現場対応力のすぐれたプロフェッショナル）は。学歴に頼らずとも実力があるからね」

別の会社に、名前の通った大学を出ていないからと、引け目を感じている知り合いがいました。

その人の口癖は、「どうせ良い大学を出てないから無理」でした。

その彼に私がこの話をした時、最初は半信半疑でした。ラッキーな人のシンデレラ・ストーリー（の男性版）。そう思ったようです。

「他にも何人もそういう人がいて、その分がむしゃらに仕事をして出世している人がいるのよ」

そう続けると、だんだんと真剣な表情に変わってきました。

「でも大企業では、大学名を重視してるよね」

そう言った彼に、私はストリート・スマートの存在を教えてくれたボスの言葉を伝えました。

「大企業に行かなくてもいい。規模が小さくても実力を認めてくれるところで結果を出せば、そのうち大企業が頭を下げて『うちに来てください！』って言いに来るよ」

その言葉を聞いた彼は、働く目標ができたと嬉しそうな顔になりました。


もう一人、この会社には非常に気難しい日本人マネージャーがいました。

彼の考えることは誰も理解ができません。優しいかと思えば突然性悪に。彼の下で働く部下は、精神不安定になるか辞めるかの人が少なくありませんでした。でもとても頭の良い人で、だからこそ彼に一目置いている人も多かったのです。

彼がある日、相場が静かになると、ふらふらと私のデスクの方にやってきました。

以前、セミナーに参加するお客様用に削っておいた先の尖った100本の鉛筆を、ぶつぶつ言いながら持っていってしまったので（それでミスをした部下をつんつん突いていました）、今回は何事かと身構えていた私にいきなり話しかけてきたのです。

「ねえ、僕がトレーダーを雇う時に、何に一番注目するか知ってる？」

今度は何を言い出すかといぶかしみながら、答えました。

「どんなところでしょうか」

「お金に貧欲な人。貧乏を経験したり、苦労した人で、学歴は関係なし。下からエスカレーター式に上まで行っちゃった人なんて論外。お金が欲しくて欲しくてしょうがない人。そういう人が良いトレーダーになるんだよ。ハングリーだからね」

それだけ言うと、また鼻歌を歌いながら行ってしまいました。

しばらくぽかんとして、その後ろ姿を見送りながら、思ったのです。彼の性格はどうあれ、こういうマネージャーは、本当の意味で有望な人にチャンスを与えるのではないかと。実は、彼のような考え方をしているマネージャーに、その後何人も私は出会いました。

確かに学歴優遇は今でも大手を振って横行しています。

けれど、**わがままでもデキる上司は、必ず「見る目」を持ち合わせているのです。**

あなたが普段から努力して実力を身につけていたら、きっと〝彼ら〟があなたの実力を見抜き、そしてチャンスを与えてくれるでしょう。

パニックへの冷静な対処法は「巻き込ませずに受け流す」

「バカやろう!!　何で言った通り買えないんだよ！　ふざけんな！」

部屋中に響き渡った突然の怒鳴り声に、席からお尻が浮くほど私は飛び上がりました。

首を伸ばして声のした方を見ると、秒単位で売った買ったの勝負をかけて仕事をする、為替トレーダーの一人が顔を真っ赤にして叫んでいたのです。

身体全ての細胞を集中させて市場の動きを注視し、ここぞと思った好機を見て、他の金融会社や市場と自分たちをつなぐ、ブローカーと呼ばれる短資会社に売り買いの注文を出します。

勝負は一瞬のこと。ライバル会社のトレーダーたちも、野生の動物が獲物に襲いかかるように一気にチャンスへ向かって動きます。

自分がいくらベストな注文を出しても、そのわずかなタイミングでブローカーが「ＤＯＮＥ（ダン）＝取引確定」させなければ、せっかくのチャンスも水の泡。

その時のトレーダーたちの怒りとフラストレーションは、もう誰も抑えられません。怒鳴り声だけならともかく、怒りのあまり受話器を叩きつけたり、時にはキーボードが宙を舞ったりしていました。

彼らトレーダーにとって、時差のある海外市場でのチャンスを求めて一睡もしなかったり、ストレスのため胃が切れるなどというのは当たり前です。

会社のお金とはいえ、想像を超えるような金額を動かして日々孤独な戦いをしている彼らにとって、出した注文が成立しなかったなどというのは受け入れがたいのです。

一方、その彼らをサポートする業務についている人々はどうしていたでしょうか。

自分がついているトレーダーへの恐怖で極度のストレスをこうむり、過食症になったスタッフもいれば、眠っている間もマイクで他の銀行に取引のプライス（為替レート）を聞いている夢を見続けているスタッフもいました。

人には誰にでも向き不向きがあります。その職場で働いていけるかどうか、そしていずれは自分もその仕事ができるようになるかどうか。

こう言うと、さも難しいことのような、選ばれた人にしかできない特別のことのような響きがするかもしれませんね。いえいえとんでもない。あなたがこのような「テンパっている集団」

で巻き込まれずに生き残るには秘訣があるのです。

それは**「自分をそこに巻き込まないい」**ことです。

「巻き込まれないい」のではありません。自らの意志で自分を「巻き込ませないい」というのがポイント。ここに気づけるかどうかで、大きな差が出てきます。

集団ヒステリー、集団パニックという状態に陥らないようにするのは、自分次第です。

なぜなら、ほとんどの場合、無意識に「自分で自分を」パニック、ヒステリー状態へ巻き込んでしまうからです。この仕組みが分かれば、あとは自分に言い聞かせるだけ。

「この状況に自分を巻き込ませない！」

慣れるまでは、小さな声で自分にリマインドするのも手です。大切なのは「テンパり集団」から自分を引き剝《は》がすこと。

集団の中で一緒に叫んでいたら分からないことも、「蚊帳《かや》の外」にいれば、クリアに、冷静に、次に自分が何をすべきか分かるようになります。それが分かればサバイバルの確率は格段に増すことになるでしょう。

状況から自分を引き剝がす。

テンパり集団に何を言われても受け流せばいいのです。彼らは正気を失っているのですから、正気を保っているあなたの方が、物事をより良く処理できるはず。

その行動によってあなたが貢献できるチャンスが広がります。

「ああ、あれ、猛獣集団だから。檻《おり》の中の猛獣と思えばいいのよ！」

先輩秘書の痛快なセリフでした。

「猛獣が怒り狂って暴れている時に、猛獣使いが一緒になって暴れたりしないでしょう？　猛獣に怒鳴られても別に痛くも痒《かゆ》くもないでしょう？　それと同じよ。受け流すの」

そして「猛獣」を鎮めるべく、最適な処置を取るのがベスト。

受話器が粉々になったら、黙って新しい受話器と差し替える。

「もう二度とお前のところとはビジネスをしない！」と怒鳴られてパニックに陥っているブローカーに対しては、怒鳴ったスタッフの機嫌を見極めて、最適なタイミングであなたが壊れた橋を元通りつなげればいいだけ。

冷静でいられれば、いろいろなことが見えてくる。そして時間のロスなく、ストレスを軽減して働けるようになる……。

分かってしまえば、なんとも簡単なパニック対処法です。

外交力を身につけたければ「フォロー」の技術を学べ

「お局様」はどの会社にも必ず一人は存在するのではないでしょうか。

このアメリカ系銀行でのお局様は、秘書の中でも最年長、まさに「牢名主《ろうなぬし》」のような風格でした。微笑《ほほえ》みらしきものを浮かべて話をしている時も、決して目は笑っていません。

ギャーっとヒステリーを起こすタイプの何倍も怖い、冷静かつ確実に何をすべきか分かっていて、したたかに相手の息の根を止めにかかる、絶対に敵に回したくない女性でした。

会社の経費もある程度自由に使えると言われていた彼女は、細かい仕事は若いスタッフに任せているはずなのに、なぜかいつも長時間会社にいて、週末でもオフィスにいました。

当然のように、前任者が私の入社初日に一番最初に「ご挨拶《あいさつ》」に連れていったのも、この彼女のデスク。

「今日からなの？　ようこそ私たちの会社へ」

と気だるげに微笑んだ彼女への挨拶が済み、廊下へ出た途端に前任者が私に言いました。

「彼女には粗相をしないようにね。十分に気をつけて」

働き始めてすぐに、その言葉の意味が分かってきました。

あちらこちらから聞こえてくる、このお局様の武勇伝。それだけではなく、最初のうちは私に対して温和だった彼女の態度が変わってきたのです。

「あなたはまだうちの組織に慣れてないから仕方ないけれど」

そのセリフが出ると、必ずや次に面倒がやってきます。

「あなたの予約してあった会議室を譲って欲しい」「あなたの部署のスタッフの態度が悪い」「あなたのところのスタッフがコピー機を借りに来る頻度が多すぎる」「お客様の贈呈品の数が足りないから、そちらの分をこちらに回してほしい……」

面白いもので、私が関わらないようにと気をつければ気をつけるほど、向こうからコンタクトがありました。

ボスのオフィスに呼ばれたのはそんな時でした。

「ダイレクトに聞く。君はなぜあの秘書（お局様）の前で卑屈になるんだ？」

このボスの前で、お局様と会話したり、やりとりがあったことはありませんでした。

それなのに、彼はしっかり私の行動を把握していたのです。

「はっきりさせておこう。君は、自分が僕を代表しているという自覚はあるのか？」

「あります」と答えた私の顔を見据えながら、ボスの言葉が続きます。

「だったら、なおさらのこと。彼女だけじゃない、どの秘書に対しても、**誰に対しても卑屈な態度をとるな。年齢や経験は関係ない。君は僕の秘書であり、僕の『顔』なんだ。**その自覚を持って、堂々と仕事をしなさい」

ボスを満足させる仕事だけでは十分ではなく、「渉外」もきっちりこなすように、という指示でした。

相手と問題を起こしたくないから、にらまれたくないからと無意識に回避して、きちんと対《たい》峙《じ》できていない私の態度は、ボスにとっては卑屈と映ったようです。

私がへつらうということは、デキるエグゼクティブである彼の顔に泥を塗るのも同じこと。一晩悩みましたが、ボスの命令は絶対です。翌日からは覚悟を持って、「ぶつからないけれど屈しない」戦法を開始しました。結果、多くの攻撃と精神的イジメに直面することになりましたが、少なくともボスの命令には背かずに済んだのです。

最初の頃こそ、想像を越えたイビリや落とし穴に陥りましたが、そのうち、いろいろなことを学び始めました。

まずは感情のコントロールを覚えました。そして表情のコントロール。相手に突っ込みどころを与えない仕事のやり方。そして最後に、どんな相手にでも「フォロー」をすることを学びました。

実はこの「フォロー」というのが、とても大切なのです。にっくき相手でも、どんな嫌な相手、ライバルであっても、フォローをすれば自分を助けることにつながるからです。

例えば、先の例で言えば、「この会議室、どうしても必要だからこちらに譲りなさい」と言われた時。

それまでは仕方なくギブアップしていました。けれど、冷静に「NO《ノー》」を伝えるのと同時に、「こちらは譲れないのですが、今調べましたら××の部屋を空けてもらえるそうです。いかがですか？」とフォローを入れるのです。

それだけで、却下されたことに怒りを募らせ、攻撃をしかける相手の気持ちが少しだけでも和らぐはず。否定するだけでなく、こちらが動いて代案を提供したために相手のメンツが保たれるからです。

力ある強い存在にも卑屈にならず、相手のメンツにも配慮した**外交力**を磨く……。これもデキる〝わがまま〟ボスから得た、数多くの学びの一つでした。

コピー取りが得意!? 腰が低すぎる一流トレーダーに学んだ「基本」の大切さ

「私ね、コピー取りすごいよ。チョー得意!」

満面の笑顔でそう言ったのは、若いながらも冷静沈着、ネイティブ並みに英語を操り、頭の良さとキレで定評のあるトレーダーでした。

予定されていた顧客用セミナーのために、大量の資料をコピーしていた時のことです。

市場が静かだからと、オフィス内を歩き回っていた彼女の興味を引いたのが、我々がいるコピー機コーナーだったのです。

「手伝わせて」

そう言ってコピーを取り出した彼女に、我々は呆然。びっくりするほどの大きな金額を動かす彼女が、こんな地道な作業をやりたがるのが理解できなかったからです。

相場が静かな時、他のトレーダーたちは、絶えず市場を注視しながらも、自分のために時間を使って本を読んだり、社外の人たちと情報交換をしています。

それなのに、彼女はわざわざコピーを取っているのです。しかも、ただのコピー取りではありません。同じ動作を繰り返しながら、着実に「少しでも早く、正確に、より効率的に」コピーが取れるよう、工夫を加えていっているのです。

「皆でやれば早いでしょ。私、手が空いてるし。それにたまには基本に戻らないとね」

なぜヘルプしてくれるのかと聞くと、そんな答えが返ってきました。

この「基本に戻る」発言に、彼女のすごさが隠されていたのです。どんなに儲けていても決して初心と基本を忘れずにいるが故に、彼女は仕事がデキたのです。

私が今まで出会ってきたデキるマネージャーたちに共通しているのは、「基本を大切にしている」ということです。

どんな仕事でも優劣をつけず、誰に対しても謙虚に、腰を低くを心がけています。

ここで勘違いしてはいけないのは、**仕事の「優劣」と「優先順位」は全く異なるもの**だということ。

ある日、普段はわがままいっぱいの、けれど「デキる」エグゼクティブが、こう言いました。

「**基本もできない人間が、それより上の仕事ができるわけがないだろう。大体において、基本**

を軽んじるやつが重要な仕事を語るなんて笑止千万。傲慢《ごうまん》なんだよ」

ゴーマニズムの権化とまで言われていた彼から出た「傲慢」という言葉に、思わず笑ってしまいましたが、まさに正論です。

けれど、何よりもこの「ゴーマニズム」のエグゼクティブが自分自身へいつも戒めとしていたのは、仕事や組織をピラミッド型にたとえ、**土台＝基本がなくては上には行けない**、ということでした。

「自分は何でも知っている」「自分の考えが一番」「自分はそんなくだらない下のレベルの仕事はする必要などない」

対照的に、こんなセリフが出るのは、決まって、エグゼクティブ願望はあるけれどなぜかそこに到達できない、中途半端な「なんちゃって」マネージャー。

彼らは、最初から「基本」をバカにしていて、下の人間がやればいいこと、と思っているのです。

けれど、面白いことに、その「基本」をやらせてみるとできなかったり、非常にスピードが遅かったりすることが多いのです。

普段どんなにわがままでも、デキる上司は絶対に責任を回避しない

初めて誰かが「切られる」という場面を経験したのは、社会人になって3年目のことでした。外資系では別に驚くことではないこの出来事も、その時の私にはかなりショックだったのを覚えています。

当時は秘書になりたてで、ぼんやりと「誰かが切られる」ということが情報として分かっていても、その朝になるまでは実感が湧きませんでした。

「明日は少し早く来てほしい」とボスから言われた私がいつもより1時間早く出社すると、すでにボスは自分のオフィスにいて、入って来るよう合図されました。

「今日、二人切らなければいけない。9時になったら一人ずつ会議室に呼び出すので、彼らが席を離れたらすぐにIT部に連絡をして、PCのみならず一切のアクセスを遮断するように手配してほしい。その後、人事部社員が来たら、彼らの席に案内して最低限の個人の持ち物をま

とめ、渡すように」

指示はこれだけでした。

切られる理由も、今後彼らがどうなるかということも、私には一切分かりません。

ただ言われた通り、何も知らないそのスタッフたちが「おはよう」と言って自分の席に向かうのを見ていなければならなかったのです。

そういう時に限って、そのうちの一人が楽しげに話しかけてきたのがいまだに忘れられません。

あと少し経ったら彼のところへ電話があり、そうしたら私は彼の会社へのアクセスを全て切らなくてはならない……。そう思うと、顔がひきつって口の中がからからになりました。

後から人事部の人が話してくれたのは、今回は穏便に終わったからよいものの、時には突然解雇を言い渡されたスタッフが暴れ出して手がつけられなくなったりするので、警備のスタッフを配置しておくこともあるとのことでした。

ちなみに、すぐにPCのアクセスを切るのは、会社を守るためです。

トイレに行くと言って抜け出した際に、顧客情報や機密情報を入手したりする人や、仲の良い同僚に言って必要な資料を自分に送ってもらったりする人など、あらゆる場面を想定しないといけないのです。

「こと」が終わってオフィスに戻ってきたボスの表情は、いつもと一切変わりません。

まるで何もなかったかのようです。

切られたのはボスが有望視していたスタッフたちだけに、一体どういう心境なのだろうと密《ひそ》かに彼を観察していましたが、その後はただ普通に、他のスタッフたちと談笑したり仕事をしたりと、何の変化も見て取れませんでした。

クビになったスタッフの、直属の部下や同僚の方が動揺していました。口々に、何の変わりもなく笑ったりしているボスのことを、「ひどい」「冷酷だ」と非難したのです。

私自身も、切られたスタッフの一人とはよく話をしていたので、かなりのショックでしたが、ボスが普通にしている以上、私自身もポーカーフェイスでいるしかありません。


その日の午後、オフィスでボスが口を開きました。

「スタッフが切られたのを見たのは初めてかい？」

「はい」と答えると、鋭い目で私を見たまま話し始めたのです。

「僕たちはね、あらゆる意味で人を『マネージメント』するからこそ、今の地位と給料をもらっているんだよ。その中には、会社にとって有益でないスタッフを合理的に判断して切らなければいけないという決断も含まれている。知っての通り、今日切ったのは、僕が期待していたスタッフたちだ。けれど彼らは越えてはいけない一線を越えて、会社の規則を破ってしまった。つらい決断だったが、私が決めなくては、部署と会社にとってマイナスになっていた」

彼は、ふぅと深いため息をつきました。

「時々自分の仕事が嫌になるけれど、**上に行くということは、どんな時にでも責任を回避しないということ**なんだよ」

その日初めて感情を表したボスは、一瞬ののちにはまたいつもの強い顔に戻っていました。

周囲から非難されることであっても、「デキる」エグゼクティブは責任を回避しないのです。**普段わがままを通していても、責任から絶対に逃げない、他の人に押しつけない。**

だからこそのエグゼクティブなのだと身にしみました。

その下で働く私たちも同じです。どんなにつらい時でも、「やらなければならないこと」をやらなければならないのです。

会社はボランティア組織ではありません。

どんな良い人でも仕事ができなければ、規律から逸脱すれば、会社に損害を与えれば、それ相応の責任をとらなければなりません。感情が揺れ動くような事態にあっても、常に自分を律して仕事に臨まなければいけない。そのことをボスに教えられました。

ＦＳＡ（金融庁）来襲！運も味方につける不測の事態の動き方

ボスのために朝一番のコーヒーを買いに、ビルの下へ降りていった時のことでした。

明らかに見慣れないダークスーツを着た一団が、１階の広場の隅に集まっていました。通りがかりに見ると、朝から何やら真剣な険しい顔。

ひそひそ話す、という表現がぴったりの様子でした。

オフィスへ戻るためにその一団の横を通った時も、やはり最初の違和感がぬぐえず、コーヒーを渡しながらボスにその話をしたのです。

パッと書類から顔をあげたボスが、眉をひそめて一瞬何かを考えました。

「ＦＳＡ（金融庁）かもしれない。念のために受付に行って事情を説明し、何かあったらすぐに連絡がくるようにしておいてくれ。私も当該部署に連絡しておく」

ＦＳＡと呼ばれる金融庁の監査は、ある日、突然始まります。

どこそこに金融庁監査が入った、次はうちに来るらしい……そんな憶測や噂が流れても、誰も確実な日時は一切分かりません。まさに「来襲」という言葉がぴったり。ある日突然やって来て、監査が入ったら最後、その会社はすべて金融庁の指示通り、万難を排して協力体制に入らねばならないのです。

担当官トップの方針にもよりますが、「粗を見つける、絶対に何か証拠を見つける」との決意で監査に入られた時は、会社が究極のぴりぴりムードに包まれます。

その瞬間から全フロアのシュレッダーは使用禁止。ある時など、実際のビジネスには関わっていないはずの秘書までが、バッグやデスクの引き出しを開けられたこともありました。

果たしてボスのカンは見事的中。それから15分もしないうちに、トイレに行くふりをして席を外してきた受付の女性が、「入りました」と一言教えてくれたのです。ボスの電話が鳴ったのとほぼ同時でした。

思えば明らかに普通でない様子の一団にもかかわらず、当時まだ経験の浅い私はそこまでの危機感を持てなかったことが悔やまれました。

しかし、すでに後の祭り。こうなったらボスのサポートを全力でするしかありません。

「今回の監査では、うちと隣の部署が特に念入りに調べられるはず。すぐに全員に通達をして。メールは使うな、録音されている電話もだ」

普段何があっても落ち着きはらっているボスが、珍しく緊張していました。そんな時に考え込んだり分析している時間はありません。とにかく行動あるのみ。動物的カンで動くしかないのです。

ほとんどのスタッフにニュースと指示が伝わった頃、予想よりも早く法務部担当者に連れられて監査陣が入ってきました。先頭の男性は見るからに役職が上なのが分かります。

興味深かったのは後ろについている若手の男性陣。鋭い目つきでオフィス内を見回す様子を見て、不謹慎ながら刑事もののドラマのようだと思いました。

ボスのオフィスへ入り、しばらく話し合いをした後に、刑事ドラマ御一行はオフィスから去っていきました。

いったん監査が始まると、金融庁と監査対象の会社との果てしない攻防が始まります。

こちらが不正をしていなかったとしても、金融庁は何かしらの成果を望んでいる、と教えられました。「手土産がなくては帰れない」そんなセリフも聞いたことがあります。

社員のメールや録音された電話の内容、持ち物やデスクの中まで、彼らには全てのものにアクセスする権限があります。こちらに断る権利などないのです。

刑事もののドラマと言いましたが、もしかしたら刑事ものを通り越して凄腕スパイものかもしれません。ある時は「良いデカ、悪いデカ」、ある時は「気さくで話が面白い普通の人」、そしてある時は「マフィア並みの凄みっぷり」を繰り出しての神経戦です。

私たち秘書も、依頼があると昼食の用意をしたり、飲み物を持っていったりと、次第に接触の度合いが増えていくのですが、その際にも決して油断せず気を張っているよう注意されました。

なにせ人間ですから、毎日顔を合わせていれば、自然と親近感が湧いてきます。ドーベルマンのように、苦い顔をして近寄り難い存在ならともかく、ベテラン監査官は驚くほど柔和な方が多いのです。

私が密かに「落としの山さん」とあだ名をつけていた監査官が、まさにそのタイプでした。『太陽にほえろ！』という刑事ドラマに出ていた柔和な刑事の山さんのように、「北風と太陽」の太陽とでも言いましょうか、ぽかぽかと暖かく照りつけてこちらを油断させるのです。

そして何気ない会話の中から、部内の様子やボスのことを問いかけてきたりしたのでした。

そのために、口はチャックと気をつけていたのです。

監査官が2週間以上社内にオフィスを構え、毎日朝から晩までの会議につぐ会議が終わった日、普段お酒を飲まないボスが、スタッフを酒に誘い、そして、こう言いました。

「私はとても幸運だった。カンの良い部下たちに恵まれたおかげで無事に乗り切れたんだ」

日々の金融庁とのやりとりの中では、突然予想もしていない質問やリクエストが飛び出すこともしばしば。その際に、いち早く状況と上司の考えを汲《く》み取って、その場その場で最適な返事をしたり行動をする部下たちに何度感謝したことか……と続けたのです。

「こればかりは考えているヒマはないんだよ。考え込んで、良い子のお答えを模索している間に容赦ない攻撃の矢が降ってくるからね。パニックになって不用意な発言をしたらどうなるか分からない。頭が良い、仕事がデキるだけでは乗り切れない修羅場があるんだ」

まさに動物的「カン」でその場を乗り切る……それが必要とされる場面だったわけです。

カンは、努力次第で誰でも磨くことが可能です。

普段から最悪の状況を想定してみて、対処法を考えておくこと。

自分の上司や周囲の人をよく観察して、その人となりを把握しておくこと。

最後にどんな状況でも自分を落ち着かせる術をマスターしておくこと。

これが有事の際にも自分を助ける手段の一つです。

「僕の名前を使いなさい」
上司の〝虎の威〟は使い方次第

あなたの周りには、自分の主張を通すために上司の名前を出して相手を牽制《けんせい》したり、脅しをかけたりするタイプはいないでしょうか？

皆がおかしいと思っていても、「××部長はこっちの方が好きだから」とか、「君がこれをやらなければ、上に報告することになるけどいいのかい？」というような人たちです。

彼らは、自分に実力がないために、上司の名前を出すことで物事を思い通りに進めようとします。

相手はしぶしぶとそれに従うしかありません。だからこそ、自分はこういう姑息《こそく》な手は使わない！　そういうふうに思っている方も少なくはないのではないでしょうか。

でも、そう決めてしまうのはちょっと待ってください。

上司の名前も〝正しく〟使えば、仕事を効率的に進めれらる強力な武器になるという例をご紹介しましょう。

完璧にグローバル化を実践していたこのボスは、上級パートナーという役職にあり、自分の名前の価値と威力を十分に熟知していました。それ故に、自分の部下が不用意に彼の名前を使うことを良しとしていませんでした。

「僕の名前を安売りするな！　怠けないで自分の力で仕事をしなさい」

ボスがそう言うのを耳にしていた私は、常に彼の名前を出さないように気をつけていました。

社内で有名なお局様秘書相手に、私が苦戦していた時のことでした。

四人のエグゼクティブのスケジュールを合わせてミーティングをしなければいけないのに、そのお局様だけが自分の上司のスケジュールを合わせることを拒否したのです。

このお局様は、意味もなく「拒否する」ことで自分の権威を誇示するマウンティング行為で有名で、秘書仲間では厄介な存在でした。彼女がその日機嫌が良くないという話は伝わってきていましたが、仕事は待ってはくれません。ところがどんなに下手に出ようと、頑として協力を拒むのです。

いきなりボスが私のところに来て、電話を切るように無言で合図しました。

「さっきから四苦八苦しているようだが、なぜ僕の名前を出さない？　僕からの命令だと言えば簡単だろう」

トイレに行くのに一度私の横を通っただけの上司は、しっかりその瞬間に私の電話での会話を耳に入れていました。ボスの名前を使うことを良しとしていないことを告げた私に、半ば呆れたような顔でボスが応じました。

「君はもう少し柔軟性があると思っていたよ。いいかい。僕は、最初から『虎の威《い》を借りる』ことは許さない、そう言っているんだよ。自分がきちんと仕事をやっているという自負があるのなら、もっとうまく立ち回りなさい。ここぞという時に僕の名前を使うことで、相手にしてもしょうがない人間に無駄な時間を費やすことが避けられるなら、それは必要なことだと思わないか？」

賢く〝見極める〟こと、本当に必要な場面で必要な時に「虎の威を借りる」という奥の手を使うこと、それができるようになりなさい、と教わったわけです。

説得する努力をせず、仕事を十分せずに上司の名前を乱発していれば、上司の名前を貶《おとし》めるだけでなく、その人自身の信用もなくなります。

けれども、努力をした上で、〝効果的〟に上司の名前を使うこと、つまり、「虎の威を借りる」ことは、現場にとっても上司にとっても、大切な戦略の一つなのです。

新天地での最初の仕事はリストラの後始末、明日は我が身と心得る

会社内での部署統合が決まり、私に秘書としてのキャリアを与えてくれた上司がアメリカへ移ることになりました。私も社内の別ポストの面接を受けて異動が決まっていましたが、同時に他の会社に移ることも考えていた、そんな時でした。

尊敬していたある女性社員から、突然連絡があったのです。

「あなたを推したいポジションがあるのだけど、極秘で面接を受けてほしいの」

あなたがボスに会うのなら、彼が直接話をするから、という謎《なぞ》めいた内容に好奇心も手伝って、とにもかくにもそのエグゼクティブに会うことになりました。

彼のことは皆と同様に知ってはいましたが、廊下ですれ違えばこちらから会釈する程度。今まで直接仕事で関わったことはありませんでした。

長身でやや威圧的な雰囲気のアメリカ人男性で、普段から感情を表に出さないタイプの人物

でしたので、周囲からは「何を考えているか読めない」と言われていました。

ですから、その極秘面接の直前に、相手がその「彼」だと知らされた時には驚きました。

面接では、現在の秘書が彼の望むレベルで仕事ができないこと、そして周りとの軋轢《あつれき》があり、それは彼が秘書に望む姿ではないこと、さらに彼自身も直接調査をした結果、私を秘書候補として面接することになった経緯を知らされたのです。

私への質問はかなり細部にまで及び、いくつかの例を出しながら、それぞれの場合に私がとるであろう行動を詳しく説明するように求められました。


恐らく後にも先にも、最も詳細な内容に及んだ面接だったと記憶しています。

「何か質問は？」

最後にそう聞かれた際に、私からの質問は一つでした。

「今いる秘書の方はどうなるのですか？」

その問いに対して思いがけない答えが返ってきたのです。

「君が私ならどうする？」

周囲が言っていた通り、その表情からは何も読み取れません。

同じ秘書同士、しかもその女性は仕事はどうであれ、性格的にはぶつかったこともない同僚です。言葉に詰まった私をじっと見たまま、彼が口を開きました。

「**君たち日本人にとって、はっきりとものを言わないのが美徳なのは理解しているが、私の下で働くことになったら、きちんと自分の意見は言ってもらいたい。**分かったかい？　非常に残念だが、今の秘書には辞めてもらうことになる」

後になって人事担当者から、彼がかなり長い間、周りのクレームから秘書を守っていたことを聞かされました。けれど私には一切その話はせず、自分は求める仕事のレベルを満たせないスタッフは、きちんと責任を持って切る、というメッセージだけ伝えたのです。

後日、知らせが来て、私が面接をパスしたことを知りました。

◆「仕事がデキなければ容赦なく切る」

翌週、朝10時頃に机の上の電話が鳴りました。

人事担当者からで、すぐにデスクを移動して新しい仕事を始めるようにとのことでした。

用意してあった箱に身の周りの品を入れ、その部署へ行き、秘書席に座った時に、前任者の荷物がそのままであることに気がつきました。もちろんバッグや私物は、人事担当者がすでに本人に渡していますが、それ以外はすべてそのままです。

新しいボスのオフィスを見ると、目で来るように合図されました。

「今すぐ仕事を始めてほしい。まず前任者の荷物の整理。同時進行で私のサポートをすぐ始められるか？」

それからはもう無我夢中でした。引き継ぎも何もない全く初めての情報の理解。よく知らないボスや周囲とのやり取り。何事が起きたのか理解できず、ただただ遠巻きにこちらの様子をうかがうスタッフたち。

でも何よりも私に、一番身の引き締まる思いをさせていたのは、「明日は我が身」ということだったのです。

「仕事がデキなければ容赦なく切る」

ともすると、冷酷にも聞こえるセリフですが、実はごく当たり前。

別に彼が無慈悲な鬼というわけでも何でもないのです。

秘書としてボスを満足させられなければ、次に切られるのは私の番。それを回避するには普通の仕事ではなく、すべてにおいてベストを提供しなければならないと喝を入れられた気がしていました。

いわゆる「クビ」が外資系よりは少ない日本企業においても、昨今はその対象が増えてきているようです。けれど大半の人にとっては、まだ自分とは関係のない、遠い出来事なのではないでしょうか。

長く同じ会社に勤め、自分の仕事に心地よくなってくると、そこに「隙《すき》」が生まれてくる感じを経験したことはありませんか。本書を読んでくださっている方の中にも、「ああ分かる……」と思われる方が少なくないと想像します。

この「隙」が食わせ物なのです。**隙は気の緩みです。気の緩みは停滞やミスを頻出させることにつながります。**そうなったら最後、遠いできごとだったはずの「クビ」が、スピードの差こそあれ、確実に自分の方へ向かってくることを意識してほしいのです。

「気の緩みは出ていない?」

「ベストを尽くして仕事をしている?」

「慢心していない?」

明日は我が身……決してネガティブな言葉ではありません。

自分が錆《さ》びないように、常に定期検診をしてフル稼働を心がけましょう。

「君が僕の目であり耳になるんだ」上司の一部になった感覚で動くべき時もある

どんな上司でも、会社にいる自分にとっては絶対の存在ですね？

どんな時も、「上司を立てる」「尊敬する」という上司への気遣いは必要です。たとえお客様といる時にでもです。

お客様に気を遣い、けれど上司にも気を遣い……。

わがまま上司ですから、そんなのは当然のこと。けれど、デキる〝わがまま〟ですから、それだけでは満足しないのです。ただ上司を気遣うだけでなく、「上司の目でものを見て、耳でものを聞いて」ということも要求しているわけなのです。

「上司の目や耳になる」

それは二つの意味を持つ、上司からの究極のリクエストです。

一つ目は、**「上司の考え方を理解し、彼らの立場からものを見て、考えられるように」**というリクエスト。

二つ目は、**「上司の代わりに彼らの目となり耳となって、あらゆるレベルの情報を漏らさず報告するように」**というリクエストです。

一つ目を実践すれば、上司との意思疎通が密になり、仕事がスムースにいくようになります。デキるエグゼクティブの思考法を実践することで、あなたは飛躍的にレベルアップします。

二つ目の実践は、多忙な上司の手が回らなかったり、入っていけないところの情報をあなたが入手して、報告することによって、あなたの存在価値が抜群に上がります。

当然それらの情報は、上司や仕事にとって有益なものでなくてはなりません。けれどこの行動で、あななの観察力や情報収集力が、面白いように培われていくのです。

あなたに「自分の目や耳になるように」と言う上司たちは、何も自分の言いなりになってほしいのではありません。

「状況に応じて、必要に応じて」という但し書きがあるのです。

なぜなら、自分と全く違うあなたの考えが、時として問題の突破口を見出したり、仕事へのカンフル剤になることも承知しているからです。

必要な時に、上司の目や耳になるために、日頃からタイミングを見極められるようになりましょう。

デキるわがままボス相手にそれができるようになれば、どこの会社でも怖いものなしです。

第3章

郷に入りては郷に従え
◆初めての合併とドイツの会社編

自分のいる会社が合併されてしまうという衝撃的な体験をした後、当時のボスであったアメリカ人上司とともに、世界最大級規模を誇るドイツ系証券会社の社員となりました。

それまで馴染んできたアメリカ系のスピードから一転し、とまどう同僚も多くいましたが、二度目のヨーロッパ系ということで以前の経験が役に立ちました。

カルチャーも仕事のやり方も全く違う会社が統合された時にどういうことが起きるのか、いかに対処していけば良いのか、どんな人とでも仕事ができるようになるには何をすべきかなど、ビジネスパーソンとして自分の立ち位置を改めて考えさせられた職場でした。

また、前社が合併されるまでの一連の流れの中では、危機に瀕した際のトップの考え方や働き方を間近で見聞きすることができ、大きな財産となりました。

幸運だったのは、ボスが、「何があっても動じない、自分の人生には自分で責任をもつ、リスクをとって事態解決を目指す」ことを、丁寧な説明とともに学ばせてくれたことです。実際にそれらの事例を、できる限り私に「体験」という形で理解させようとしてくれたことを、今でも深く感謝しています。

「会社が守ってくれる」は妄想
どんな会社でも結果を出せる一個人を目指す！

「ちょっと！　今度はあの新しい社長、この会社を売り飛ばすらしいわよ！」

情報通で知られる同僚秘書が、こっそり耳打ちしてきました。

いや、いくら何でもそこまで……。

外資系で働いてきて、ちょっとやそっとでは驚かなくなってきたはずの自分でも、動揺しているのが分かりました。

でも、あのＣＥＯならやるかもしれない……。

もちろん彼はＮＹ本店の一番のトップ、雲の上の存在です。話したこともなければ、姿だって間近に見たのは一度きり。彼が再婚して間もない奥様を伴って、ＣＥＯ就任挨拶で世界中の支店を回っていた時だけです。

けれど、情報は必ず入ってきます。特に、誰からも慕われていた副社長の代わりに、役員会が連れてきた「会社立て直しの名人」というこの人物の動向には、誰もが興味津々でした。デキるエグゼクティブというのは、どんな格好をしていたとしても何かしらのオーラを放っているものなのですが、華々しい経歴を誇るこのトップを見た瞬間の印象は……「ん？」という感じでした。

ところが、案の定、しばらくすると騒動が次々と起きてきたのです。

騒ぎは就任挨拶の出張の途中で東京に到着した途端、「迎えに来た車が小さい」という、クレームから始まりました。ベンツの大きさがお気に召さなかったらしいのです。

ホテルでも待ったがかかりました。ＣＥＯ夫妻のために用意されたのは、規模は小さいもののサービスの素晴らしさで定評があった銀座のホテルでした。ハリウッドの大物俳優たちも愛用していた評判の高いホテルです。

しかし、ここでもご不満が。結果、大型ホテルのスイートを急きょ取り直すことになり、銀座のホテルの関係者だけでなく、新しいホテルの関係者にまで、ご迷惑をかけることになったのでした。

翌日。オフィス内はＣＥＯの要望で室温がやや高めに設定され、社員は汗をかいて働く羽目になりました。

ＰＣなどの機械が発する熱や、その他様々な理由で、社内の室温は常に上がり気味。そんな時に高めの温度で設定されてしまうと、社員にとってはかなりのストレスになります。わずか2～3日の滞在だったのにもかかわらず、関係した社員は皆疲労困憊《こんぱい》、ぐったりの状態でした。

そんな強烈な印象を残し、NYへ戻っていった新しい我が社のトップとそのパートナー。

それからも我々の嫌な予感は当たり続けました。

その一つとして、のちにメディアに何度も登場する、プライベートジェットが購入されたのです。奥様がこのジェット機を使用していたこと、社員ではないのに社内に自分専用のオフィスや秘書を持っていることなども、「噂」としてメディアで流されました。

このままでは私たちの大切な会社に、何か大変なことが起こるのではないか。危惧《きぐ》する一方で、もうただ笑って見ているしかないような状況でもありました。

結局、同僚秘書の情報は今回も正しく、「経営を立て直すため」に、会社はヨーロッパの銀行に売却されてしまったのでした。

このCEOは、とても優秀で立派な経歴を持っていただけでなく、会社立て直しの凄腕のはずでした。だから、彼が海外の支店を回っていた時には、皆とても期待していたのです。私たちの会社を救ってくれる救世主、彼なら何とかしてくれるに違いないと。けれどなぜか聞こえてきたのは、メディアに流れるびっくりニュースばかり。

お金がないのにプライベートジェット？

なぜ社員でない人が、会社に関与しているの？
会社を愛していた何千人という社員が皆、期待を裏切られた気持ちになりました。
優秀なスタッフも大量に流出してしまいました。

呆然としている私たちに向かって、当時の私のボスが言ったことは、「日本人的考え」を払《ふっ》拭《しょく》させられる一言でした。

「会社が守ってくれるというのは妄想だ。いつ何があっても、状況や組織に振り回されないように自分で自分を守る術を身につけるようにしてほしい」

そして、もう一つは、

「自分の身を守るのは、実力と人脈なのだから、いつでもそれを肝に命じること。『会社の一社員』としての自分ではなく、**『どんな会社でも仕事ができる一個人』**としての自分を確立することを目指してほしい」

ということでした。痛みをともなった学びとなりました。

デキるエグゼクティブは公私ともに「パートナー」選びを大切にする

さて、先ほど一人の権力者の奥様の話をしました。

真偽のほどはさておき、メディアに出てしまった「噂」は、エグゼクティブである彼女のご主人にとって、当然ですがイメージアップにはなりません。

たとえ彼が私たちの大切な会社を、見事再生してくれていたとしても、その奥様に関する記事は、社員の頭の中に疑問符を浮かび上がらせていたと思います。

会社再建の凄腕で、優秀な人物なのになぜ？　そんな疑問符です。

けれど、これはただの一例です。

世の中には、本人がどんなに仕事がデキたとしても、疑問符のつくパートナーがいて、実際に足を引っ張っている状況というのがいくらでもあり得るのです。

そしてこの「パートナー」とは、夫婦に限ったことではありません。会社においてのパートナーは、右腕と言われる人や秘書、チーフ・スタッフのことも含みます。

足を引っ張るパートナーに共通しているのは、「勘違い」をする点でしょう。

つまり、夫やボスが偉いということは自分も偉い、そう思ってしまう妄想タイプです。夫やボスに与えられた特権に自分も属していると信じ、意に沿わないことがあれば、二言目には夫やボスの名前を持ち出します。

それがどれだけボスの評判を傷つけ、大切な部下の信頼を失わせているのか気がつかないのです。

その結果、せっかく、「デキる人」として尊敬されていた人の評判も、だんだんと下がっていくことになります。当然手に入るはずだった昇進を逃した人、仕事で自分をアピールできるチャンスを逃した人……公私にわたるパートナー問題で失脚していく人たちを私は少なからず見ることになりました。

これらを思い出すたびにいつも考えるのが、**どんなに仕事がデキる人でも、「パートナー」選びを間違えると隘路《あいろ》にはまり込むということです。**

身近な人物の評価を間違えたり、目が曇ってきちんと真実の姿を見極められないのは、リーダーとして実は致命的なミスなのです。

自分がどんなに努力してきたとしても、そんな勘違い「パートナー」に足を引っ張られ、引きずり落とされることがあるからです。

どんなに身近な人にでも、「人を見る目」は必要です。

仕事と関係のない、私生活のパートナーですらあなたに悪影響を与え得るのですから、仕事の「パートナー」となればなおさらのこと。

万が一、時すでに遅しで、そういった人物があなたの身近にいるのならば、きちんと手綱を握ってコントロールしてください。それも人を「管理する」能力の一つです。

将来、あなたの努力を水の泡にしないためにも、今から気をつけていれば、きっといつか自分の「人を見る目」に感謝する日がくるはずです。

「僕のドアはいつも開いてるから」ついていくならこういう上司に

デキる上に、あまりに〝偉い〟オーラが出ているボスがいました。

誰かが失敗しても低い声で淡々と鋭くポイントを突いて叱るので、余計に部下から恐れられています。

「怒鳴りつけられるよりもこたえる」と部下は落ち込みます。

そんな彼のわがままぶりは……。秘書にはもちろん難問をぶつけますが、わがままというよりも、「神の一声」という感じでしょうか。思わず、「イエス・サー！」と敬礼したくなるような重みがあるというのが、大方の評判でした。

ある日、ボスの部下の一人が私のところへやってきました。

まだ入社して2〜3年の、比較的若いスタッフです。

「さっきね、エレベーターの中で、ボスがいきなり、『やあ、調子はどう？』って聞くんですよ」

何を言い出すかと顔を見つめていた私に、彼がおずおずと続けました。

「それでですね。ちょっと仕事で悩んでいることがある、とつい言ってしまったんですが、そしたら、いきなりボスが、『僕のドアはいつでも開いてるから』って言うんです」

「じゃあ話に来なさいということでしょう？　いつ時間をとれるか確認して連絡しますね」

そう答えた私に、彼は信じられないという顔をしながら聞き返しました。

「え、でも。本当にいいんですか、そんなの。ビッグボスですよ!?」

恐縮しきっているのに、どこか嬉しそうな彼の顔を見て、さっきまでわがままをワーワー言っていたボスに、コーヒーを差し入れたくなりました。

たった1枚のドア。けれど、大抵の場合、そのドア1枚が、上司と部下の間に目に見えない高く、厚い壁となって立ちはだかっています。まるで鉄壁のバリケードのように。

どんなにわがままを言っていたとしても、普段部下を怖がらせていたとしても、「部下を気にかける」意識と責任感で仕事をしている上司は偉大です。

ただでさえ自分も目いっぱいに忙しい中で、それでも、「君たちのことを気にかけているよ。僕に話したければいつでも来なさい」と言える人は、偉くなればなるほど少なくなっていきます。

なぜなら、ピラミッドの上に行くほど、関わらなくてはいけない人が増えてくるからです。

そんな中で、組織の末端にまで目を向けるのは至難の業《わざ》。たいていのエグゼグティブは、その役目を部下に任せてしまいます。けれど**デキるエグゼクティブは廊下やエレベーターですれ違うスタッフにも、ちょっとした「声かけ」をモットーとしているのです。**

もしあなたが運良く、そんな一人に出会えたとしたら……。

決していらぬ遠慮などせず、積極的にボスの「開いているドア」に飛び込みましょう。

もちろん、ただの人生相談や無駄話をするのではありません。ゴマスリの場でもありません。上司の貴重な時間をもらっているのですから、その経験を聞かせてもらう、知恵を分けてもらう、アドバイスをもらう、それが目的です。同時に、普段想像もできなかったチャンスなのですから、この機会に目いっぱい自分のアピールをするのも大切です。

自分が今どんな仕事をしていて、何を考え、将来どんな方向に進みたいと思っているか、短時間で印象づけるのです。

「ふーん、こんなダイヤモンドの原石もいたんだ」

そう思ってもらえるかもしれません。

そして、そんな上司を見つけたら、石にかじりついてでもついていきましょう。せっかくのダイヤモンド級の上司を見つけたのですから。

アメとムチの使い分けは落差が大切
スムースに物事を進める最高の方法

サーカスの猛獣使いは、獰猛《どうもう》な猛獣や、自分の何倍もある大きさの動物を扱う時に、ムチを使います。けれど自分の言うことを聞き、ちゃんとやるべき仕事をすれば、きちんと「ご褒美」をあげています。小さな肉片だったり、人参《にんじん》やリンゴだったり。何にせよ「ご褒美」です。

その「ムチ」と「ご褒美＝アメ」の使い分けの落差によって、手に負えない猛獣もコントロールが可能です。それだけではありません。動物たちの能力を最大限に引き出しているのです。

なぜこんな話をしているのかと言うと、「アメとムチ」について、あるマネージャーがサーカスの猛獣使いの例を使って分かりやすく説明してくれたことがあったのです。

「人間と動物を一緒にしちゃいけないんだけどね」

とニヤニヤしながらこのマネージャーが話し出しました。

「でも昔、僕のボスに言われたんだよ。お前は猛獣使いで、部下は猛獣だと思えって。生かすも殺すも、その猛獣のベストを引き出すのも自分次第。アメとムチは賢く使えってね」

確かに彼の話には説得力がありました。

私の知る「デキる」上司たちは、いずれも「アメとムチ」の驚くほど上手な使い手です。普段どんなにわがままに振る舞っていても、褒める時は抜群のタイミングで褒め、その部下を「良い気持ち」にさせ、「もっとやる気」にさせます。けれど部下が失敗をしたら最後、容赦なく叱責《しっせき》し、ムチを振るいます。

もちろん、その後には必ず良いところを褒めてフォローする。その繰り返しを絶妙なバランスで繰り返し、部下を育てているのです。

ではその逆はどうでしょう?

わがまま上司に対しても「アメとムチ」方式は効果があるのでしょうか。

答えはもちろんイエスです。

ただし、残念ながら上司に対して表立った「ムチ」を振るうことはできませんから、ムチの代わりに、さりげない無言や無反応を使うのです。

わがままボスの機嫌が悪い時に、あえてご機嫌伺いをしたり、ゴマをする必要はありません。

そんなことをしたら、ますます悪化するだけ。

無反応・無言というムチを使いましょう。そして一方、「アメ」は存分に差し出してください。

ボスへの感謝、尊敬の念、賞賛、そういった「アメ」は惜しみなく使いましょう。

せっかくの「アメとムチ」、上司のものだけにしてはもったいない。

積極的に取り入れてみてください。自分を取り巻く状況の変化に、驚くこと請け合いです。

上に行く人は 1言われたら10まで考えて準備する

「デキる」わがまま上司というのは、往々にして普通ではない考え方をしています。

普通とは一般的、常識的ということでもありますが、様々な意味でそういう枠の中におさまらないからこそ、彼らは「上に行く人」になったと言ってもいいのではないでしょうか。

そもそも「普通」というくくりで、彼らを判断することに無理があるのです。それぞれが強烈な個性を持ち、他と異なる考え方を良しとし、チャレンジし、自身を叱咤《しった》激励《げきれい》して働いている。

だからこそ手に入れられた、今の地位。さらに彼らの多くは、その場で立ち止まることなく努力を決してやめません。

例えば、彼らの違いはこうです。

仮に彼らの若い時に一緒に仕事をしたとしましょう。

ある日、同じ会議に出て、ボスから同じ仕事を頼まれたとします。

「3日後に大切なお客様とのミーティングで、我が社の商品を売り込むプレゼンをしたい。そのための資料を用意してほしい」

さて、あなただったらどういう行動をしますか。

普通の反応は、きちんとしたプレゼンテーションを仕上げて提出することでしょう。良いものを目指して自分のアイディアをまとめ、何度も確認の上、期日前に仕上げるのではないでしょうか。

一方、デキるわがまま上司たちはそれに加えて、自分の周囲360度を見渡し始めます。受けた命令は、「大切なお客様用の資料を作る」ことなのですが、それにさらに付加価値を付けるべく、頭をフル回転させるのです。

彼らが部下に望むことは、全て自分たちが若い頃に身をもってやってきたこと。

つまり、**1言われたら10まで考えて用意する。それが基本にあるのです。**

プレゼンの資料を作る時に、できる限りの情報を集めるのは当然ですが、ちょっと時間をとって他社の情報も仕入れ、さらに内容を充実させる。他の部署や会社、インターネットも駆使して、一歩先いく情報やアイディアを入れ込む。

その資料がボスの承認を受けたらすぐに、情報を整理してまとめられるように、事前に社内で人材を確保し、その人たちに準備させておく。

当日の会議の場所や詳細を調べ、取引先相手の情報も仕入れ、事前対策を練っておく。

突然想定していない質問が出た時のために、あらゆる可能性を想定した答えを用意しておく。

提出した資料やアイディアが先方の気を引かなかった場合を考えて、第2・第3の案も考案しておく。それら全てをまとめたものを、資料と一緒に上司へ提出するのです。

つまり、ただの資料ではないのです。

上司がいずれ質問しようと思ったことすらすでに盛り込まれている、思わず上司が、「やるな」と思ってしまうような資料作り。たった一つの資料作りに対しても、そこまで徹底的にやるのが、彼一流です。

そんな働き方をしてきた結果、今の地位についている上司たちですから、こちらも普通ではとても対処できません。彼らの発想力の豊かさはお墨付き。対抗するには私たちも同じように考えなくてはなりません。そう、つまり私たちも彼らに続いて「箱」から飛び出さなくてはならないのです。

この「箱」というものが厄介です。

私たちは知らず知らずのうちに、「これはこういうもの」という小さな箱の中に自分たちを閉じ込めてしまっています。それは、個性よりも協調性を重視する日本の教育の結果なのであ

る意味では仕方のない、当たり前のことです。けれど、それに気づいて、その箱から飛び出す考えを持てば、とてつもなく大きな可能性が広がってくるのです。

箱から出て、どこまでも続く広い世界を見ているところを想像してみてください。

「うわー、なんて小さいところにいたんだろう！」

きっとそう思うに違いありません。

そんな小さいところにいたら、考え方も情報も、内向きに限られたものになります。

そこからは新しい、画期的なアイディアが生まれるはずはないのです。

発想力豊かなわがまま上司への対応は、思いきり自分の発想力を広げること。

そのために、今まで自分が生きてきた箱から飛び出してみてください。

ポイントは、「先入観」を捨てること。そうすれば一気に楽になります。

それができるようになれば、わがままボスへの対処もばっちりで、高評価が与えられるようになるでしょう。

一流の謝罪は謝罪が2割、善後策の提案が8割

ある週明けの出来事でした。

情報不足から思わぬミスをしてしまった日本人スタッフが、ボスのオフィスに呼ばれていました。彼が謝れば謝るほど、なぜか、どんどん機嫌が悪くなっていくボス。

「今日の怒りはかなりしつこいな……」

そう思っていた矢先でした。

あたふたと逃げるようにオフィスから出てきた部下の後ろ姿を、ボスは腹立たしげに見送っています。

怒りの波動でオフィスのガラスを砕きそうな形相で、「なぜすぐ頭を下げるんだ！」。

叱るために呼び出した部下に、謝ってほしいのか、そうでないのか……。もう無茶苦茶です。

逃げ出した部下は、すっかり混乱しているように見えました。

「どう思う？」

ボスがいきなり問いかけてきました。

「彼は経験もあって、仕事がデキる人間のはずだ。なのに私の前で彼が言い続けたのは、『アイ・アム・ソーリー』、それだけだぞ。私が彼の、どういう行動に怒っているのかを確かめることもなく、自分の『どの』行動が今回の過ちを招き、この後『どういう対処』をして私の信頼を回復するかの説明も、一切なしだ！」

日本のビジネスシーンでは、どんな場面にせよ、まず「相手の気分を害する行動」をとったことへの謝罪が一番にきます。もちろん海外のビジネスシーンでも、そこまでは一緒。けれど決定的に違うのは、その後に必ず、「どうやってこの失敗を取り戻すか」「相手の気分と信頼を回復させるか」についての具体的提案があるのです。

「ごめんなさい」だけでは子供と同じ。社会人どころか大人でもありません。ただ謝るだけの部下に上司は失望し、どんどん怒りが増していくわけです。

最初はミスに対してだけの怒りが、「ごめんなさい」が続くことで、「なんだコイツは！ 仕事と責任は一体どうなっているんだ！」となるわけです。

自分が真剣に仕事をしているからこそ、能力と実力にプライドを持っているからこそ、卑屈に謝り続ける部下に苛立《いらだ》ちを覚えるのです。

では、**「正しい」謝り方**はどうすればよいのでしょうか。

まず、本当にミスを犯したのであれば、そのことへのお詫《わ》び。ミスを犯しているという事実がないのであれば、上司の気分を害したことへのお詫びです。

どちらも、「自分が何に対してお詫びを言っているか」の理由を付け加えます。

「『今回の私のミスを』お詫びいたします」

「『ボスにご迷惑をおかけしていること、お気持ちを苛立たせましたことを』お詫びいたします」

と、こんな感じです。

そして**必ずお詫びとセットにして、「自分の反省点」と「原状回復への対処法」を説明**します。

その一連の行動を終えたら、「上司に怒られた」事実は、いったん横に置きます。

持てる時間の全てを、原状回復に集中するためです。

少しでも早く、少しでも確実に、約束した「結果」を携えて上司のところへ戻り、自分がまだ有益な人材であることを示すのです。

けれど、相手がデキる上司ばかりとは限りません。器の小さい上司ならば、あなたが何度謝罪をしても、いつまでもくどくどと嫌味を言い続けるでしょう。

黙って聞いているのが正解のように思われますが、そんなことをしていれば無駄な時間ばかりが過ぎていきます。心証は悪化し、評価が下がっていくかもしれません。

その場合には、平身低頭、最大限の敬意を示しながら、あなたが状況をリードしましょう。「何度お詫びを申し上げても足りないのは十分承知しております。ですが、その上で、被害を最小限に食い止めて原状回復をするために、△△の行動をお許しいただけないでしょうか」

器が小さい上司であればあるほど、とても自分では解決などできないのですから、大抵の場合あなたの提案に乗ってくるでしょう。

一方で人を信用できないので、あなたにお目付役をつけるかもしれません。

そんな状況でも、あなたは対処に集中してください。一見、謝ることだけが最重要に思えても、対処できた「結果」には決して勝てないのです。

謝罪2割、善後策の提案が8割。これがベストな謝罪法です。

現場を知らない上司には〝聞いているふり〟だけして勝手に結果を出す

わがままだけど尊敬できる、そんな上司たちは皆、「現場力」の大切さを誰よりも知っています。現場の力なくしては、日々の仕事が成り立たないことも、ましてや仕事の成功がないことも十分に承知しているからです。

その証拠に、折に触れて様々な形で現場に感謝を示そうとします。自分から声をかけて感謝を伝える。仕事の後にドリンクを振る舞う。現場の意見に耳を傾ける。そして彼らの努力にきちんと報い、評価をする……。

「ピラミッドの上だけが、宙に浮かんでるなんてありえないだろう。土台がしっかりしているからこそ、上が安定するんだ」

そう言ったのは、どんな新人部下でもことさら大切にしているボスでした。

他方、残念なことに、まだまだ古い考えの管理職もたくさん存在しています。

特に、現場での最低限必要な経験も積まずに、最初から敷かれたレールを歩いて上に行ってしまったタイプ。もしくは、人の価値を学歴や会社の大きさや知名度でしか測れない、頭でっかちのお役人タイプです。

自分は上だと思い込んでいる人たちは痛々しい限りです。現場をどれほど大切にできるかで、そのマネージャーの価値が決まってくるのです。

けれど現実には、びっくりするほど多い中身のない上司たち。そのことに怒りを覚えても、それはあなたの時間を無駄にするだけです。結局のところ、現場を理解していない人間は、理解する気もなければ、理解する能力もないのですから。

それではどうするのがよいのでしょうか。

おすすめは**「聞いているふり」**です。

「ですが」「けれど」などと相手の気分を害する言葉を連発し、現場の大切さを説明しても状況はどんどん悪化するだけ。

地球の言葉を話さないエイリアンに、必死に語りかけるのと同じくらい無駄な行為です。下手すると、あなた自身の査定にも影響が出る上に、あなたが目指している「良い仕事」には行き着けなくなります。

だから、**まずは神妙な顔をして上司の言うことに同意しましょう。**

そして〝勝手に〟結果を出せばいいのです。

もちろんその結果は、上司に責任を負わせたり、上司が責められるものであってはいけません。あなたが望んでいるのは、きちんとした仕事なのですから、上司の手柄になるような、満足してもらえるものですね。

あとは、あなたの腕次第。

「××さんのご指示のおかげで、このような結果が出せました。ありがとうございます。ご満足いただけるとよいのですが」

そんな言葉を付け加えて、上司に「この良い結果は自分の成果」と思わせられれば完璧《かんぺき》です。

あなたは自分の望む仕事をし、上司は望む結果を得られたのです。

そしてそれをやり遂げたあなたは、きっとデキる側の管理職になることでしょう。

何よりも現場の力を理解して感謝する――。

いざという時に勝つのは現場の力です。それを知っている人だけが成功するのです。

「上司が成功すれば自分も成功する」成功する人の考え方・行動の仕方

「自分が考えた企画なのに、上司の手柄になっている！」

「上司のために、なぜ自分がここまでやらなくてはいけないのか！」

働いていると時々こんな声が聞こえてきます。

わがままでも部下を立てることを忘れない上司についている部下であれば、こんな思いをせずに働いているでしょう。けれど、残念なことにそういうボスはなかなかいません。そこまで器の大きい上司はそう多くはありません。

ボス以外の人間に、「あれは自分のアイディアです！」と訴えて回る？

恐らくあなたの味方をしてくれる人はほとんどいないでしょう。

会社は正論だけでは生きていけないのです。

上司を裏切った部下として信用がなくなるだけでなく、上司からはかなり痛い目にあわされることになります。

「こんなところにいられない。他の会社へ行ってやる！」と投げやりになる？

うーん、残念ながらこの手の人はそこら中にいます。

お決まりのように会社に一人、いえ、部署に一人はいるかもしれません。わざわざ会社を移っても同じことの繰り返しでは無意味ですね。だとしたら、一体どうすればこの虚しさや、フラストレーションを解決できるのでしょう。

それはちょっとした考え方のシフトで可能になります。

「ボスが成功すれば、自分も成功する」

当たり前のことですが、実はちゃんと理解していない方も多いのではないでしょうか。

例えば、部下が出したアイディアが大当たりとなって、上層部にボスが報告しました。部の功績、そしてそれを導いたボスのリーダーシップとマネージメントが買われて、彼が昇進したとします。

先にも言ったように、ここで器の大きいボスであれば、部下の名前をきちんと上層部に知らせることで報いようとしてくれますが、そうでない場合は、特に大きい会社ではなおのこと、部下が立役者だとはなかなか上に伝わらないことになるでしょう。

いらいらしますね。フラストレーションがたまりますね？

でも、それでよいのです。

そういうボスを持ってしまったならば、そして自分がその仕事場に居続けたいのであれば、「今回はこれで良し」と、とりあえず自分を説得してください。

昇進したボスの頭の中には、どんなに忘れたくても、これがあなたのアイディアのおかげ、という事実が残っています。だから感謝やあなたを認める言葉を口にしなくとも、あなたは彼の「秘密兵器」の一つにリストアップされたことになるのです。

あなたが次々と彼の功績に貢献するようになれば……。あなたの「秘密兵器」としてのグレードもどんどん上がっていくことになります。あなたはそのボスの成功にとって、欠かせない人物になるのです。

当然のように、今までよりも上のレベルの仕事に携わったり、もっと上層部の人たちと関わるチャンスが生まれてきます。

つまり、あなたの状況が上向きになっていく可能性が大きくなっていくのです。

「待てば海路の日和《ひより》あり」で、すぐに自分の功績が認められるチャンスがないのであれば、目線を変えてボスの成功から目指しましょう。

あなたが賞賛される頃には、ライバルに差がつく実力と人脈まで加わっているはずです。

アジアと欧米で態度が違う？一流はどこにいても振るまいを変えない

「私はいつも不思議に思っているんだが」

出張から帰ってきた、日本大好きのアメリカ人ボスがいきなり話し始めました。

「なぜ日本人男性は、アジアにいる時と欧米にいる時で、あそこまで態度が違うんだ？」

昔から不思議に思っていたそうですが、出張で見た光景が、改めて彼にその疑問を突きつけたのでした。

それはアジア系の飛行機に乗った時、日本人ビジネスマンのCA（キャビンアテンダント）への態度がとても尊大だったのを見て、不愉快に感じたことから始まりました。

現地に入ってからも、普段、自分には最高の笑顔で日本のおもてなしを連発してくれる彼らが、「顎《あご》をつんと上げて」上から目線で現地の人に接している様子を何度も見かけたらしいのです。

「何かが違う」

そう思ったボスは今までのことを細かく思い出し、結果、一つの結論に至りました。

「日本人の白人コンプレックスは、こんなに国際化しているはずの今でも克服できていなかった」

欧米にいて失礼な、偉そうな態度をとっている日本人はほぼいない。それどころか、借りてきたネコのようにおすましをして、礼儀正しく、どこか居心地すら悪そうな感じも見受けられ、ビジネスの場においても主張が弱い。

その一方、アジアでは突然人が違ったように、上から目線の、ともすると傲慢とまで言えるような強気の態度や交渉が多々見られる。

これはやはり、克服しきれていない私たち日本人の「コンプレックス」のせいではないかと、ボスは分析したわけなのです。

確かに……。日本人のスポーツ選手や世界で活躍する人々を形容するのに、「サムライ」という言葉がよく使われます。

私も憧憬《しょうけい》のあるこの「サムライ」という言葉。それは、赤穂《あこう》浪士や新撰組《しんせんぐみ》、そういった爽《さわ》やかで、まっすぐ一本芯の通った信念のある「義士」を指しているはずです。

ところが、実際ビジネスシーンになり、年齢層もぐっと上がって日本のエグゼクティブになると、憧れの「サムライ」が見事、悪徳代官や性悪大問屋に変身してしまっている場合が多いのです。

「おぬしも悪よのう……」

「いえいえ何をおっしゃいますやら、そういうお代官様こそ……」

そう言って、「ウッシッシ」とやる、かつての時代劇でよく見かけた、あの悪徳代官たちです。

今どきそんなことはないと思われるかもしれませんが、そんなことはありません。まるで自分たちが一番偉いと思い、上から目線で、尊大な態度をとってやりたい放題やってもいいと言わんばかりの態度が、「なぜか」場所をアジアに移した途端に始まる光景は、決して少なくないのです。いくら最高の「日本のおもてなし」を受けている、白人エグゼクティブたちでも、デキる人たちであればなおさらのこと、その二面性を見逃すはずがありません。

欧米社会ではすぐに反撃にあうか訴えられるというような出来事も、アジアにおいては、ぐっとそのリスクも減ります。

お得意の「なあなあ」も通ってしまう、そんな甘さがまだまだアジアでは存在します。

白人コンプレックス、英語コンプレックスに加えて、そこに日本の本当の意味での国際化を阻《はば》む原因の一つが潜んでいるのではないかと、ボスは指摘したかったのです。

◆どこに行っても私は私

昨今ではアジアにおいても、特に中華圏では、積極的に学生のうちから欧米で学んでいる人も多く、会社でも武者修行のように若手のうちから海外へ送り出しています。

そうやって送り出された人々は言語だけでなく、その国の文化を〝盗み〟、吸収し、自分のものにして自国に帰ってきます。そして自国のビジネスシーンに貢献していくわけです。

一方、多くの日本の会社において、「外国の駐在員になる」ということは、たいていの場合、華やかな生活を意味しています。

ある程度のレベルの住宅、本国から支給される各種の福利厚生、最初から約束された地位。けれど一体その中で、どれほどのビジネスパーソンが「真の国際化」を実現させて帰ってくるか……というと、残念ながらまだいま一つというのが現実です。

海外にいてもなぜかビジネス相手の多くは日本人。食事をするのも、つるむのも日本人。ひどい人だと何年いても英語のレベルが上がりません。

そこに潜む原因は「甘え」です。

自分の企業が守ってくれているから、通訳がいるから。何かあれば日本語でどうにかなる場所があるから。難しいことは日本語で話せばいいから。

そんな「甘え」が、残念ながら日本の成長と国際化を遅滞させているわけなのです。

そして無意識のうちに、「アジア」での自分と、「欧米」での自分とが使い分けられています。

その結果、「なぜ場所によって態度が違うのか?」という疑問が出てくるのです。

自信と本物の実力があれば、どこの場所にいても、どんな環境や場面においても通じます。

私たち日本人しか持ち得ない「忍耐力と勤勉さ」、サムライビジネスマンの「ぶれることのない信念」、一貫したプロとしての「誇りと態度」。それらが、安定したビジネスや、人間関係を構築していくのだというのが、日本を外から眺めている外国人の立場でのボスの指摘でした。

欧米のビジネスや交渉のやり方をただ真似するのではなく、自国の良いところに合わせて取り込んでいく。それを実践しているアジアの国々は、着実に強く、賢く成長しています。その彼らに向かって、いつまでも「悪代官」をやっていると、ビジネスチャンスを失うだけでなく、立場が逆転してしまうということを、念頭に置いておく必要があります。

「どこに行ったって私は私。私が自分で努力してきた事実も、勝ち取ってきた成果も変わらない。だから地球にいようが、火星に行こうが誰に対しても態度は変わらないんだよ」

日本をこよなく愛し、日本のビジネスマンにさらに飛躍してほしいと望んでいる、アメリカ人ボスのセリフでした。

超わがまま、なのになぜか人が寄ってくるその理由

ロンドン支店のマネージャーで、秘書が「首をしめてやりたい」というくらいのわがままな上司がいました。

「私、秘書のお給料以外にベビーシッター代までもらわなけりゃ、割に合わないわ！」

そう言いながらも、彼女の口調は決して嫌な感じではありません。

半ば呆れながら、でも、なぜかついつい面倒を見てしまうというその上司。

部下もどんなに叱り飛ばされようが、怒鳴られようが、それでも辞めずについてくる……。

あるスタッフは、ヘッドハンターを通してライバル会社からのオファーを蹴《け》ってまで、このマネージャーの元に残ったそうです。

一体どうしてなのでしょう？

このマネージャーは裏表がなく、何をやるにも〝思いきり〟でした。

仕事も思いきり、叱るのも思いきり、そして楽しいのも思いきり。彼が叱るのは、部下が自分の望むレベルの仕事をしていないから。あるいは、不注意でミスを犯すから。それを忘れないように、十分反省するように、思いきり「叱る」のが彼の流儀でした。

部下をいじめることが目的で叱っているわけではもちろんありません。

その証拠に散々怒ったかと思うと、相手の出方次第では、その部下が出て行く時にはもうケロリとしています。いつまでもぐずぐず機嫌を悪くしないその理由は、「思いきり、きちんと、叱る」という仕事を終えたからなのです。

「相手の出方次第」と言いました。

どういうことかというと、相手が言い訳を始めたり、失敗から学ぶ姿勢を見せていない時は、すぐに「ケロリ」とはいかないということです。

けれど「ケロリ」となった瞬間には、ゲラゲラと笑い合う声が響き、部下や同僚と時々毒舌を交じえながらの楽しいトークを始めます。

そうなのです。彼はわがまま、彼は強い、彼はデキる、だけではなく、思いきり楽観的で明るいのです。

無理してそうなのではなく、シンプルに明るい。彼といると、「小さな悩みなどどうでもよくなってしまうことが多い」と皆、言います。

「Life is too short／人生は（悩んでいるには）短すぎるんだよ」

これが彼の口癖でした。

自分だけでなく相手にも必ずそう言います。

それも押しつけるのではなく、思いやりを持ってなのです。

「腰を抜かすくらいのわがままを言うくせに、明るさと思いやりがあるんだよね」

「ボスといるとね、〝楽しんで〟仕事ができるんだよ。家族よりも長い時間を過ごす仕事場だから、そういうことがとても大事なんだ。楽しいと、やる気になる。やる気になると仕事に良い結果が出る。そしたらボスはすごいハッピーで、自分の部下と一緒に大騒ぎで喜んでくれるんだ。ファミリーみたいにね。だから、ちょっとくらいのわがままは僕たちが大人になって我慢してやるんだよ」

このボスのために美味しい転職を蹴った、前出のスタッフのセリフでした。

第4章

荒波にもまれた移籍先
◆アメリカの証券会社編

この頃の私は一つの疑問を感じながら働いていました。金融では、フロントオフィスと呼ばれるお金を稼ぐ部署と、サポートオフィスと呼ばれるその他の部署の差がはっきりしていて、同じ会社であるにも関わらず、社内でヒエラルキーが存在していたのです。

それまでフロントオフィス側でしか働いたことのなかった私は、サポートサイドを経験しない限り不完全な存在である気がしていて、組織を理解していると言えないのではないかという気持ちが、日に日に強くなっていました。ボスや同僚には止められましたが、ある日たまたまいただいたお話をきっかけに米系証券会社への転職を決めたのでした。

転職後まず一番に感じたのは緊迫感の違いです。それと同時に、今まで出会ったことのない「静か、で優秀な」方たちとの出会いがありました。それまでは迫力を全面に出すようなモンスタータイプの上司ばかりでしたので、新鮮な驚きがありました。マネジメントが苦手なボスや、人たらしの天才のようなボスなど、実に興味深い人材が揃っていたのもこちらです。

ボスが、「ハッキングをさせたらおそらく世界レベル」と言い切った若いシステムエンジニア（SE）や、どんな時も卑屈にならずプライドを持って仕事をしている多くのスタッフに囲まれて、山越え谷越えの連続でしたが、貴重な経験をすることができました。

「なぜ条件の悪い職場に移るのか？」プライドと情熱があれば環境は関係ない

多くの先進国のご多分に漏れず、日本もまだまだ「勲章」社会です。

「どこそこの大学を卒業した」

「何とかいう大企業に就職した」

「誰もが知る有名なプロジェクトを手がけている」

こんな具合の「勲章」です。

なぜ、学歴や会社をことさらに自慢する人がいるのでしょう。

ズバリ、**自分に自信がない人ほど〝勲章にこだわる〟**からです。実力では自信が持てないから、勲章をいっぱい身につけて、ほらほら見て！　こんなに偉いの！　とやらなくてはならないのです。

しかし**デキる上司ほど、勲章を必要としません。**

満足いく結果を出せていれば、それで十分。自信があるからです。

世の中には名前を知られていなくても立派な会社、地味だけれどどこよりも貢献している職種が、たくさんあります。

一つの会社内でも同じこと。

例えば金融においては、実際にお金を稼いでくるビジネスサイド（営業やトレーダーなど）と、実際にお金は稼がないけれど、裏方でビジネスを支えるサポートサイドの二つに分かれます。

この二つは陰と陽のように深く結びついていて、どちらが欠けても会社は成り立ちません。

ビジネスサイドがお金を稼がなければ、社員のお給料が払えないのは当然のこと、会社の経営もできません。けれど、ビジネスサイドがいくら仕事を取ってきても、そのお金の出入金を管理したり、日々彼らの顧客とのコミュニケーションを可能にする電話やメールへの応対、世界中からリアルタイムで情報入手を可能にするシステムを司《つかさど》るサポートがいなければ、会社は機能しないのです。

それだけではありません。有能な社員を雇ったり、日々の会社生活のケアをする人事部や、地味だけれど会社全般の管理業務を担う総務部、その他全てのサポートサイドが全力を尽くして「縁の下の力持ち」になっているから会社は成り立つのです。

けれど残念なことに、お金を稼いでいるという「勲章」にこだわるあまり、**サポートへの感**

謝を忘れてしまう人が少なくありません。

「あいつらサポートは自分たちが食わせてやってるんだ」

そういうことを平気で言うのは、決まって実力がないスタッフ。デキる人たちほど、自分たちが働く土台を支えてくれているサポート部隊の存在を、きちんと意識し、機会があるごとに感謝をするように心がけているのです。


あるボスは、毎年行われるクリスマスパーティーに、自分たちをサポートしてくれるスタッフも必ず呼び、その場で彼らに感謝を伝えていました。

そしてまたあるボスは、自費でピザを差し入れたり、自分のところに来たお菓子をサポートスタッフに回すなどに気遣いを心がけていました。

「自分がサポート側だったら、きっとそうされたら嬉しいと思うから。そして彼らがいなければ自分たちもいないから」

そのボスはいつもそう言っていました。


この頃の私は、ボスに恵まれて働いていたにもかかわらず「サポートサイド」に行って仕事をしたいという気持ちで一杯でした。

どの部署においても、秘書という仕事はサポートにあたるのですが、その秘書ですらも「ビジネスサイドにいる秘書」と「サポートサイドにいる秘書」の間には、時として目に見えないヒエラルキーがありました。

実は、私がその決断をした時、多くの同僚やマネージャーに止められました。

「今のままでいいじゃないか。なぜキャリアダウンをするんだ？」

「ビジネスサイドからこき使われて、とても嫌な思いをすることになるよ……」

普段決して口にしなくても、やはりビジネスサイドにいると自然に、サポートへ行くのは「キャリアダウン」になってしまうように思われているのだと、その時しみじみと感じたのです。

心配して言ってくださっているのは十分に分かっていたのですが、世界を広げられる、さらなる経験を得られると信じていた私は複雑な心境でした。

実際にこういう話をよく聞きます。

「Tさん、やりたいことがあるからって、名もない小さい会社に移るんですって。もったいない」

「あいつ何考えてんだ、自分から全然もうかっていない部署に異動を希望するなんて！」

けれど、いずれの人も、自分がやりたいことを見つけたラッキーな人なのです。

勲章があるのは素晴らしいこと。でも勲章だけでは成長していけません。それよりも、そんな勲章を大切に箱にしまったら、自分の成長や経験を求めて、「好きでやりたい」方向へ進んでいけるのが成長し続けていく人。

わがままだけどデキる上司は、そういうスタッフを大切にするのです。

仕事に必要なのは過去の勲章ではなく、変わらぬあなたのプライドと情熱です。

「お茶を持ってきて」言い方だけで見極められる上司の器量

転職先の証券会社が、破綻した日本の大手証券会社を買収合併した時のことです。

買収された側のマネージャーの一人が、部署のトップである私のボスのところへミーティングにやってきました。会議が長引いていたため、マネージャーにはボスのオフィスでお待ちいただくことにしました。

自分のデスクに戻って仕事を再開していると、突然声が聞こえてきました。

「ちょっと！　君、お茶！」

びっくりして周りを見回しました。まさか初対面の相手が、自分に向かって「ちょっと」などと言うわけがないと思ったのです。

けれど、彼の目は私を見ています。近くにいた同僚も驚いて目を丸くしていました。

外資系では、基本的に自分のことは自分でします。

自分がついているボスや、その上の方、もしくはお客様がいらっしゃった場合を除き、皆喉《のど》が渇けば自分で飲み物を取りに行く、もしくは買いに行くのが当たり前です。

役職のあるなしにかかわらず、プロとしての仕事をしているのですから、それを中断させて何かを頼む時には、「プリーズ（お願い）」などと、礼儀を尽くすのが当然のこと。

どんなわがままボスでも、「プリーズ」や「〜してくれないだろうか」という言葉を使います。

後で、このマネージャーの部署の人に話を聞くと、彼はスタッフに威丈高な態度をとることで有名だったのです。

さらに驚くような光景が繰り広げられました。

ミーティングを終えて戻ってきたボスが、「待たせてすまなかったね」と言いながらオフィスへ入って行った時のことです。驚くほどの素早さで立ち上がったマネージャーは、こちらが恥ずかしくなるくらいの平身低頭ぶりで、ペコペコとお辞儀を始めました。

ドラマでは見たことがあっても、実際にコメツキバッタを見たのは初めて……とある意味感心しました。同時に、ああ、残念ながらこの人は出世できないだろうな……と思ったのです。

案の定、しばらくしてこのマネージャーは会社からいなくなりました。

自分より下の人間を意味もなくバカにしたり敬意を払わない人というのは、器量が小さい証拠です。敬意を持って人を扱わない人間が、敬意を持たれるはずもありません。

仮にしばらくの間権勢を振るっていたとしても、いくら上司におべっかを使おうとも、いずれ正体がバレます。

その理由はいろいろあるでしょう。部下が辞めてしまう。彼を尊敬しない部下たちの協力が得られなくなる。部下が育たない。業績も上がらない……。結果として、そういう人物であることを、顧客にもすぐ見抜かれてしまいます。

「誰に対しても」「誰が見ていなくても」人に敬意を持って接するマナーを身につけなければ、確実に仕事に影響してくるのです。

自分の上司がミクロサイズの器量しか持っていなかったとしても、がっかりすることはありません。なぜなら、その場合は自分の「反面教師」になってもらえるからです。

上司を観察し、「自分だったらこうする」とシミュレーションを重ねれば、どんなに大金を払っても身につかない仕事術が学べます。

もちろん器の小さいボスの下で働いていれば、フラストレーションもたまるでしょう。けれど逃げられないのであれば、そこから「何を」学べるかに考え方をシフトです。

例えば器が小さいからこそ、ある意味扱いやすいボス。押すべきボタンを把握できれば、逆に自分のやりやすいように仕事ができるかもしれません。早いうちに上司を見極めて対策を練ることで、仕事場でのストレスは大幅に軽減できます。

「高いフィアット」と「安いフェラーリ」コスパ最高のビジネスパーソンのすすめ

あなたは「合理的」という言葉をどう思いますか？

合理的というのは、外資系企業での仕事においては普通のことです。

ビジネスの世界では、情が入ったり、回りくどいことをしたり、無駄に他の人の時間を使ったりすることは歓迎されません。

「仕事がデキなければ（その人は）いらない」というのは、外資系では、合理的な考えとして認識されています。貢献できないのならば、会社はボランティアではないのだから残念ながら辞めてもらう、そういう考えなのです。

会社によっては、社員の質・レベルを高く保つために、毎年査定時に、下から何パーセントかの範囲内にいるスタッフを切るところさえあります。

「ボトム（＝底）△パーセント」

それに入らないように、クビにならないように、社員は必死で働くわけですから、それこそ合理的、かつ機能的な会社の運用の仕方とも言えるのです。

さて、ここにその外資系の中でも、ひときわ派手にクビを実践しているボスがいました。しかし「気に入らないから」切っているわけではありません。

何回かチャンスを与えても部下に進展が見られない場合。部下の能力が自分の求めるレベルに達していないと判断した場合。また何らかの理由で、自分の率いているグループや仕事にマイナスになると判断した場合です。

それ以外にも、ダウンサイジングといって、会社が年間予算の都合で各部署に人員を削るような決断を下す場合もあります。

いずれにせよ、目的はシンプル。

「デキない人を切って、デキる人を入れる」

それに尽きるわけです。

シビアですが、**最近では日本の企業でも終身雇用というセイフティー・ガードはかなり低くなってきました。**そんな中で生き残るためには、ズバリ、**「コスパ最高の社員になる」**ことが求められます。

以前、友人の上司が、高いお給料に見合う働きをしていない部下たちを総称して、「高いフィアット」と呼びました。その時、彼は人材マーケットに、能力が優れているのにお給料が高くない、「安いフェラーリ」を見つけていたのです。

その人材を獲得するために、必要な人数はそろっている〝はず〟の彼の部署に、一時的に一人増やすことにしました。つまり、この「安いフェラーリ」が入ってきた後、ボスは「高いフィアット」の中から、一番「性能の悪い」スタッフを切ることにしたのです。

この話からもはっきりするのが、前述した、「コスパ最高の社員」を目指す必要性です。

もちろん、今もらっているお給料を下げるように自己申請せよ、ということではありません。

「今もらっているお給料以上の」仕事をするのです。

「このスタッフにこれだけの給料を払う価値は十二分にある」とボスに思わせるのが目標です。

そして、そう思われる仕事をしていれば、昇進し給料アップにつながっていきます。

その理由は、デキる人には見合っただけのお給料を払わなければ、その人材がいずれ別の会社に盗まれてしまうことを、上層部はきちんと分かっているからです。

「どうせ自分の給料は低いから、もらってる分しか働かない」

そんなセリフを平気で口にする人がいますが、その人に待っているのは、「ボトム何パーセント」の運命かもしれません。

「想定外は想定内」が常識中の常識

「想定外だった」

このフレーズに聞き覚えがあるでしょうか。例えば自然災害で。例えば会社の決算の場で。例えば思いもかけない出来事が起きた時。例えば……。

以前、創立記念のカードを発売した公共機関が、予想をはるかに上回る購入希望数に対処しきれずに騒ぎになったことがありました。販売を途中でやめてしまい、朝一番から列をつくっていた人々の努力と熱意を裏切ったのです。

なぜこのようなことが起きたのでしょうか。

この時も「想定外」の出来事だったという結論になりました。「想定外」は、プロならば決してあってはならないことです。プロとして任せられている以上、「想定外」を「想定内」に変えるのが仕事なのですから。**お金をもらって働くならば「想定外だった」という言い訳は一**

切通用しないのです。

「想定していなかった」というのは、「私は給料をもらっているのに、自分の仕事をしていなかった」と告白するようなもの。外資ならクビにされても当然の事態です。

けれど現在の我々の社会では、「想定外の出来事で……」というのが立派な説明になっています。本来は、それが許されるのがおかしいのです。自分たちの認識が甘いから「想定外」のことが起きる。ちゃんと先を読む仕事をしていないからそういう事態を引き起こしてしまう。

そしてさらにに驚くのが、たまにその想定外を最初からクリアできている人がいると、「お金を使って無駄なことをして」などと逆に非難されることです。

皆の反対を受けながらも高い堤防を造った村長のおかげで、津波の被害から助かった村の話をご存知でしょうか。

彼は正しいこと＝想定外を想定内に変えるために想定外の予算を使ったという理由で非難されてきたのですが、もし彼がバッシングに負けて断念していたら、「想定外」の出来事、つまり津波の被害にあっていたのです。

この話は海外の有名メディアでも報道されました。

ここから我々が学べることは何でしょうか。

いつも先の先まで考えて、常に「想定外」を「想定内」に変える働き方をしておくということです。そのためには日頃から周到なシミュレーションが必要になります。

「備えあれば憂いなし」です。

これができるようになれば、仕事は劇的にレベルアップします。

もし、「そんな細かい先のことまで考えても、時間とお金の無駄遣い」と非難する人がいたらそっと教えてあげましょう。

「だけど『想定外の出来事』が起こったら、対処できないよ」と。

上に行く人なら知っている「良い質問」「悪い質問」

急ぎの電話メモを持って、ボスのオフィスへ入って行った時のことでした。

新しく入ってきたスタッフと話をしていたボスは、ちらっとメモに目を落とすと、手をあげて私に必要な情報を自分のPCから取り出すように、身振りで指示をしました。

その間も会話は続いていています。

「私は君の能力を見込んで雇ったんだ。だから自信を持ってほしい。けれど、君には一日も早く、この職場と私のやり方に慣れてもらう必要があるんだよ。分かるかい？」

英語が自分の弱点と悩んでいるこのスタッフのために、ボスはわざと、「この職場と私のやり方に慣れる」という部分をゆっくり、単語を区切って言いました。

ボスのPCに集中していても、引き続き二人の会話が耳に入ってきます。

「君が今までの会社で、上からの命令を〝そのまま〟聞き入れて、行動することに慣れてきているのは知っている。細部に至るまで指示を仰がなくてはいけなかったことも。だけど、ここでは君の能力を十分生かしつつ、自分の意見とアイディアを出して働く必要があるんだよ。分かるね？」

スタッフがきちんと自分の言っていることを理解しているかどうか、確認をしながら話を続けています。

「君には一つ注文がある。何かが分からない時、質問がある時、それを私だけじゃない、誰に尋ねる時にも、何も考えずに聞くような態度はとらないでほしい。つまり、**自分の考えたことを相手に説明した上で、質問をするんだよ。**そうでなければ、相手からは君が何も考えていない、受け身のロボットだと思われてしまうからだ」

その後しばらく話をした後、スタッフはボスのオフィスから出ていきました。

深い沈黙の後に、ため息とともにボスが私に話し始めました。

「軍隊のようだね、君の国の組織は。もちろん会社にもよるんだろうが、個人の能力を開化させるチャンスを増やそうとしていない。細部まで細かく指示され、上司の意向を気にするあまり、『良い提案』よりも、『上司の気に入る提案』が優先されてしまっている。その結果、ものを尋ねる際に、自分の考えたことや提案を示しながら質問する、という基本的な仕事術が欠けちゃっているんだな」

聞けば、先ほどまで部屋にいたスタッフは非常に優秀なのですが、彼が何かを質問する時は、内容を丸投げしてくるのだそうです。つまり、「～はどうしましょう」「～の案件は始めてよいですか」のように、子供でも聞けるような質問の仕方だというのです。

それでは、デキる上司が求める質問とはどんな質問なのでしょうか。ここでは具体例を上げてみます。

「××はどうしましょうか。連携部署間の準備が整いましたし、資料も全て揃えてあります。私はこのような方向でいくとよいかと思いますが、ご意見をお願いします」

「××の案件は進めてよいですか？　期日は△△までです。先日お渡ししたプレゼンテーションへのご意見をいただけるまで、平行してそれ以外のところを始めておきたいと思います」

このように、質問に関する付加的な情報、質問をする相手が決断をしやすくする材料を加えるのが本当の質問です。

また、何か分からない時の質問にしても、

「×に関することが分からないです」

と言うよりも、

「×について分からなかったので調べてみましたが、△△の理解でよろしいでしょうか」

などと、自分が「努力をした」ことを相手に伝えるのが、プロの自覚を持った社会人の質問の仕方。

これまで「自分の考えを述べる」というカルチャーの中にいなかった結果、その優秀なスタッフは、ロボット的な質問しかできなくなっていました。それをどうにかボスは変えたいと思っていたのです。そうすることで意識と責任感が変わり、本領を発揮できるに違いないと信じていたのです。

分からないから聞いてしまえ！　というのは、努力をしない怠け者の姿勢と取られても仕方ありません。どんなに自分で考えたり調べたりしていても、それを生かした質問でなければ、せっかくの努力も水の泡。

デキる上司は、質問の仕方で部下の能力が分かってしまうだけでなく、機嫌が悪かったり気が短い上司であれば、一撃の元に蹴散らされてしまいます。

質問された相手は、自分の貴重な時間を割いて答えてくれるのです。相手の時間を大切にできなければ、それだけで社会人として疑問符がついてしまいます。

自分がきちんと考えて、調べて、試行錯誤した結果、やはり分からない、100％理解できないからこそ相手に尋ねる、これが上に行く人共通の質問力です。

人が見ているところで手を抜かないのは二流、人が見ていないところでも手を抜かないのが一流

イギリスで始まったテレビシリーズで、『アンダーカバーボス』というのがあります。「覆面（隠密）ボス」とでも言いましょうか、日本で言えば「水戸黄門《みとこうもん》」のようなもので、ボスが自分の身分を隠して下っ端社員に身をやつし、一般の社員と交流をしたり、上からでは見えない現場の状況を体験するのです。そして問題があれば自ら解決し、最後に身分を明かして社員に感謝をしたり、注意をしたりするという非常に面白い番組です。

番組のアイディアと面白さが当たって、他の国でも次々と同じシリーズが始まりました。

実は、デキる上司の中にも、密かに「アンダーカバーボス」を実行している人たちがいるのをご存知でしょうか。

もちろん日本での会社の状況を考えると、実際に上の役職にいる上司たちがあなたたちの中

に変装して紛れ込むのは不可能です。

けれど、彼らは自分が信頼している他の人を通じて、必要な情報を手に入れているのです。仕事がデキない上司がこれをやれば、ただの「スパイ」になりますが、仕事のデキる上司の場合、知り得た情報で質の高い組織運営を可能にするのです。

ここまで来てドキッとした方も少なくないのではないでしょうか。

「もしや自分の周りにも？」

「そういえば、あの人はいつも自分を見ているような気がする」


日常的な会話で、あるいは採用面接で、あるボスは、見事なまでに「人の本質」を見抜く技量がありました。

自分にゴマスリをしながら、実は部下の手柄を横取りしてしまうマネージャーや、口ばかりで実はあまり仕事をしていないスタッフなどは話すだけで、その本質を察知します。

面接でも、短時間でその人となりと能力を見抜き、優秀な人物の発見では右に出る者がいませんでした。

けれど、それでもこのボスは「足りない」と思っていました。そこで登場するのが、彼の代わりに情報を収集する「隠密」スタッフです。

彼自身が動くわけではないので、大抵の場合、その〝見られている〟人たちは油断をしています。面白いことに、情報を収集するのは大抵、その〝見られている〟対象の人物よりも格下のスタッフたちです。受付、総務、セキュリティー、若手のスタッフ、そして時には掃除をしてくれる人たち。その理由は明確で、人は格下と思っている人の前で本質を垣間見せるのです。人が見られたくないところを、あえて見にいくのが、この「アンダーカバーボス」を実践している優秀な上司たち。

100点満点の候補者についてでも、さりげなく受付の女性に尋ねます。

「今帰っていった候補者、どんな感じだった？　きちんと挨拶はしたかい？　どれくらい前にやってきた？　待っている間何をしていた？」

そして、自分には良いところしか見せていない部下についても、

「彼は、君たちにものを頼む時、どんな頼み方をしている？」

そんな感じです。

信用をしていないわけではありません。「現実」を認識する必要性を重く見ているのです。なぜなら、それが人材の質の高さを維持するだけでなく、有益な指導ができることをよく理解しているからです。

どうでしょう、ウェイクアップコールになったでしょうか？

決して疑心暗鬼になって仕事をしてほしいわけではありません。

どんなに表面を取り繕ったとしても、四方八方、思いもよらないところに「目」があるということを分かってもらいたいだけなのです。

上司が見ていても、見ていなくても、手を抜かない。周囲への気遣いも忘れない。そんなビジネスパーソンを目指してみてください。

あなたが気がついていない、「アンダーカバーボス」からの評価もきっと上がるはずです。

まだまだ多い機械音痴の上司には、ＩＴスキルを静かにアピール

隣の部署に、切れ者マネージャーがいました。数字も上げる、お客様のハートもがっちり、上司や部下の受けも良い。部下にもハイレベルの成果を求める人でした。

けれど、この彼には唯一の欠点がありました。実は、かなりの機械音痴。新しい機能のついた電話やシステムが導入されると、もう大騒ぎです。

秘書の女性が、彼のために、要点をまとめた「あんちょこ」をデスクに貼り付けていたくらいでした。

ＰＣの画面を鬼のような形相で睨《にら》みつけているところも、たびたび目撃されていました。雛形《ひながた》に沿って埋めるだけの提出物が多かったのと、幸いなことに優秀な秘書がついていたので、彼の機械音痴は大事に至ってはいませんでした。

ところが、ある日のことです。

この秘書の女性が2週間の休暇中に、急ぎの資料を作らなければならなくなりました。普段なら秘書に頼めばよいだけの話なのですが、内容の混み入った資料のため、仕事をある程度理解していないと作れません。しかも至急のため、誰かを探している暇もなかったのです。

仕方なく、2～3ページだからと、テンプレートを元に、彼が自分で取り組み始めました。PCが溶けてしまいそうなくらい睨みつけるマネージャー。けれど時々、舌打ちに交じって、「うー」とか、「ああっ！」と悲壮な声が聞こえてきます。そこで、ついに勇気を出して、部下のYさんが声をかけました。

彼は20代後半の社員。仕事ができないわけではないのですが、アピール力がないのと、地味なためにこのマネージャーが「期待する」社員ではありませんでした。

自分がいらいらしているのに、Yさんから声をかけられたマネージャーは冷たく、「なんだ」と返事をしました。

「僕でよろしければ、お手伝いできますが」

その言葉にようやくマネージャーが顔を上げました。

「できるのか」

半信半疑のまま藁《わら》をも摑む気持ちだったマネージャーが、Yさんに席をかわってじきに、驚くほどの速さとスムースさで、マネージャーが意図していたよりも立派な資料ができ上がったのです。

実はこのYさん、ＰＣスキルが抜群でした。

元来、自分でも簡単なプログラミングをしたり、自分用のＰＣをカスタマイズしたりしていたのですが、先ほども言ったようにとにかく地味な存在。

だから当然のように、このマネージャーはびっくりだったわけです。

「君、なぜ今まで黙ってたんだ」

「助かったよ」と言った後にそう尋ねたマネージャーは、それからYさんに一目置き始めました。最初は資料作りや、仕事でＰＣスキルが必要な時にYさんを呼ぶところから始まり、そのうち、

「お前が作った資料だからお前がプレゼンしてみろ」

ということになりました。

やらせてみると、Yさんはどんどん才能を開花させ、良い仕事をこなすようになっていったのです。果たしてその次の年には、見事昇進を果たしました。

テクノロジーが発達してきている現代だからこそ、ＩＴ全般に密かに強くなっておけば、い

ざという時にすごい点数稼ぎができてしまうわけです。
そこから始まって道が開けることも実際にあります。
ＩＴスキル必須の時代に、**ＩＴが苦手な人は、必ずどこかで足を引っ張られます。**

第5章

秘書人生最大のチャレンジ◆世界同時不況を引き起こした「あの会社」編

当時のボスの海外転勤が決まったタイミングで、次の会社への転職を決めていた私のもとにかかってきた一本の電話が、人生最大のモンスターボスとの出会いのきっかけとなりました。

長年の秘書経験で、ちょっとやそっとではびくともしなくなっていた私が、このボスの前にあっては毎日がジェットコースターに乗っているようでした。

六本木ヒルズへの引越しの直前に入社し、友人たちからは最高のオフィスだと羨ましがられましたが、当時の私はオフィスの場所などまさに二の次、このボスが次々と繰り出すパンチにどうやって対応するかで必死でした。

当時は何度も辞表をたたきつける自分を思い浮かべましたが、今考えると、ビジネスパーソンとしてだけではなく、人間としてもかなり成長できた時期でした。

気がつけばあっという間に数年が経っていましたが、他では学べない多くのことを学び、〝剛毛の生えた心臓〟を手にしました。例え社長が相手でも堂々と渡り合うボスの姿に接しながら、敬意とともにワクワクするような面白さを感じながら仕事ができました。

会社が潰れるという「想定外」の出来事ですら「想定内」にしてしまえる、優秀なエグゼクティブたちに出会えたのもこの会社ならではです。

「クビにするならどうぞ」覚悟を持てば思いもかけない能力を身につけられる

クビ……当たり前のように聞くこの言葉、でも実感として身近に感じている人はまだまだ少ないのではないでしょうか。

先にお伝えした通り、外資では「クビ」は大して珍しいことではありません。

よく言われるのが、「外資は給料が高いからいいよね」というセリフですが、日本企業よりも一般的に高いと言われるお給料の中には、「リスク取り料金」も加わっていると思うのです。

気を抜いたり、仕事のレベルが下がったら、いつでもクビになるリスクと隣り合わせです。

それだけではありません。どんなに自分が頑張っていても、いきなり本国からの命令で、グループ全体が丸ごと「さようなら」ということも少なくはありません。

事実、私が経験しただけでも、自社が合併された、こちらが合併した、部署が消滅した、とどめには会社が倒産してしまった……と、まるでドラマのように次々と「あり得ないこと」が起きました。

でもここでは、あえてクビを意識するのは、決してマイナス要素だけではないことをお話ししたいと思います。

秘書人生での最大のチャレンジとなったリーマン・ブラザーズでのボスは、そのままドラマにしてしまいたいほどの筋金入りのモンスターでした。

彼と働くということは、それこそいつクビになってもおかしくないような体験の毎日。

私の前にすでに8人をクビにしていた彼が、なぜ会社に居続けることができるのか、一度本人に聞いてみたことがありました。

するとズバリ、

「私は仕事がデキて、そして私は正しいからだ」

とすました顔で一言。

でも確かにそうなのでした。仕事がデキる。マネージメント力だけでなく現場力も備えている。自分も人に見せないところであらゆる努力をしている。その彼にとっては、

「自分がベストを尽くしているというのに、『ついてこれるよう死ぬ気で努力ができないスタッフには用がない！』と言って、何が悪いのか？」

と、そういう理論になるわけです。

人事部すら口を出せないその状況で私に残された道は、毎日クビを恐れてビクビクしながら日々を送るか、もしくは、「開き直り」でやるかのどちらかでした。

仕事がなくなれば、お給料が入らなくなります。それでも、もしビクビクしてボスの顔色をうかがいながら仕事をすれば、自分の100%の力は出せなくなり、余計なミスを乱発することになるのは目に見えていました。

しばらく考えた結果、私は「開き直り」を選ぶことにしたのです。

「自分は全力で頑張る。だからクビにするならどんどん来い！」

もちろん、予想もつかない難問や変化球を投げてくるボスに応対していくのは並大抵のことではありません。**けれど、ビクビクしていたらいずれクビになる。やるだけやれば悔いはない！**

そう思って、自分自身に啖呵《たんか》を切ったわけです。

そうです。「ハッタリ」です。でもただのハッタリではありませんでした。思いっきりの開き直りでした。

でもその瞬間、フッと楽になったのです。

もちろんボス本人に、「嫌ならクビにしてください」などと、そんなことは言いません。

けれど、例えば自分が最善を尽くしたのに、ボスが絡んできたり、彼のレベルに達することができずにキレられた時に、卑屈になったり、ビクビクすることはなくなるのです。

自分はやるだけのことをやっている。だから話は聞くけれど、あなたに私を恫喝する権利はない。だからクビにするならどうぞ……心の中でそう唱えると楽になります。

委縮《いしゅく》せずに、自分の持っている力を自由に十分に出せるようになるからです。

ボスももちろん人間ですから、時には不機嫌になって、普段だったら怒らないレベルのことでキレたりすることもあります。

でもその時ですら、いちいち反応せずに、さらりと笑みで対処ができるようになるのです。

開き直って変化したボスとの力学

すると不思議な効果が。ボスとの力関係がハッキリと変わってきました。

ボスを「恐れなくなる」と、それにつられるようにボスの方でも一目置いてくれるようになりました。


重要なのは、何があってもブレないこと。クビを恐れないこと。

もしクビになったとしても、「ビクビクしていたら決して得ることのできなかった能力」がきちんと残されます。

それをひっさげて、次の仕事を探せばよいだけです。覚悟を決めると、退路を断ち、前に進むしかないことを自覚せざるを得なくなります。自分を鍛えてくれるのです。


「君は私にクビにされるのが怖くないのか」

ある日ボスが突然問いかけてきました。

「いいえ。私はやることを全力でやるだけです。それでダメなら私も本望です」

答えた私に、ニヤリと笑ったボスは、なぜか嬉しそうに見えました。

「よし、久々に面白い。かかってこい」

そう言った彼が、かなり後になってから話をしてくれたのが次の話です。

・自分もクビになるのを覚悟で仕事をしてきたこと。
・そして、その覚悟は飛躍的に自分の仕事レベルを上げたこと。
・(そんなに偉くなった)今ですら、クビになる覚悟はいつでもできていること。

そうだったのです。

一見無謀とも思える「クビにするならどうぞ」の覚悟は、自分の仕事レベルを引き上げる究極のトレーニング法だったのです。

そして面白いことに、この覚悟を持って働いている人に限って、ほとんどクビになることはありません。自分の精一杯《いっぱい》で仕事をしているからです。

ストレス解消を甘く見ない！
デキるビジネスパーソンの必須マター

わがまま上司と働くということは、チャレンジでもあると同時に、ストレスとともに働くことを意味しています。そこで、きちんと「ストレス発散」をしておかないと、気がつかないうちに、あなたはストレスという布団にぐるぐる巻き状態になってしまうかもしれません。そのうち身動きがとれなくなり、身体にも変調をきたします。

ストレスに「やられて」しまった同僚たちを一体何人見てきたことでしょう。

私自身も胃が切れたことがありますが、そんなのはまだ若葉マークです。

会社が見えてくると突然足が動かなくなってしまう人、頭痛が止まらない人、ストレスのために激太り（あるいは激やせ）してしまう人、実際に精神科に入院してしまった人や、新興宗教に入った人もいます。

自分は大丈夫……そう思っても、気がつかないうちに自分がストレスにやられていることもあるのです。大切なのはその対処法。Fさんの例をご紹介しましょう。

彼はある時、「ちょっときつい」上司の下に配属になりました。Fさん自身は、憎めないタイプなのと真面目さが手伝って、特にその上司から睨《にら》まれることもなく、時々お叱りを受ける程度でした。けれど、Fさんの近くに座っている男性が、このきつい上司の標的になっていたのです。

繰り返される叱責で萎縮していく同僚を日々見ているうちに、その同僚とシンクロしてしまったのだそうです。

つまり、怒られているのは同僚なのに、上司の怒りが自分に向いているような、自分が怒られているような錯覚に陥ってしまいました。

ある日、出社しようとして、東京駅の大きな横断歩道の前に立った時のことでした。

赤信号で向こう側で待っている人たちの数が、いつもの倍以上に見えました。

え!?　と思った瞬間、青信号に変わり、その人たちが一斉に自分に突進してくる、そんな感覚に襲われて一歩も歩けなくなってしまいました。

そのまま駅のトイレに駆け込むと、空いている個室に座り込み、そこから会社へ連絡を入れ、具合が悪いので遅れる、とその日はそれだけ伝えたのです。

これが異変のスタートでした。毎日のように同じような出来事が起こり、しまいにはその横断歩道が渡れなくなってしまいました。

一生縁がないと思っていた精神内科を受診し、事情を話す中で医師から告げられたのは、「同僚への叱責が原因」という診断でした。状況を話して席を替えてもらうか、部署を変えてもらうか、というアドバイスをもらいましたが、Fさんは悩み始めました。

「あの上司のことだ、そんなことを言ったら最後、弱虫と非難されるに決まっている」

普段の自分だったら考えられないほどのネガティブ思考になっていました。

結局Fさんは、上司はもちろん周囲の人にも何も説明せずに、別の部署の社内公募に応募し、異動することになりました。

◆身体を動かすことが一番のストレスコントロール

Fさんの場合、早期にクリニックを受診したことと、たまたま事態を重く見てくれた人事部の助けで、運良く社内の別の部署へ異動できたからよかったのですが、皆が同じようにいくわけではありません。

だからこそ、ストレスを甘く見てはいけません。大丈夫と思っている人が一番リスキーでもあるのです。

「ストレスがある」と自覚している場合もあれば、「隠れストレス型」の場合もあります。少しでも自分の気持ちに負担があると感じたら、すぐにその解消を試みるのも、デキるビジネスパーソンの必須マターです。

どんな時でも一番効果的なのは身体を動かすことです。

ジムに行くのも、ダンスに行くのも、マーシャルアーツ（武道）やウォーキング、何でも構いません。

元同僚は寄り道したくないタイプなので、家に帰って「Ｗｉｉ（ウィー）」のゲームで、汗をかくほどテニスをするといいます。

身体を動かすのが苦手という方は、とにかく「自分が嬉しくなること」「自分がリラックスすること」をしてください。お気に入りのカフェで好きな本を読む、ゲームをする、仲のよい友人や家族とリラックスして話をする、大好きなテレビ番組を見る……どんな些細《ささい》なことでもよいのです。

自分のメンテナンス、つまり、自分がハッピーであるように気をつけること。

毎日の小さな「自分へのおもてなし」を心がけるだけで、驚くほど日々の精神状態が違ってきます。

よくお話しするのですが、私の一番のストレス解消法は、自宅へ帰る途中のゲームセンターにありました。ゲームが得意ではないので、ほとんど縁がないのですが、ある日、会社で膨らみきったストレスを抱えたまま、偶然にそのゲームセンターの前を通ったのです。

そこで吸い寄せられたのが、「モグラたたき」。やってみたら、「あら？　なんだか気持ちがいい」

それ以来、何度通ったことでしょう。ストレスがたまると、「よーしモグラたたきだ！」と自分に号令をかけます。デスクに用意してある100円玉を摑むと、あとは電車に乗って、モグラのところに一直線。スーツにハイヒールで、取り憑《つ》かれたようにモグラをたたくその様子は、傍から見たら不気味な姿だったに違いありません。

残念ながら、しばらくしてモグラたたきは壊れてしまい、私のゲームセンター通いには終止符が打たれました（私のたたき過ぎが原因でなければいいのですが）。

でも当時の私は、モグラたたきのおかげでストレスから救われていたのです。

わがまま上司に自分の仕事、それだけで十分大変なのに、大切なプライベートまで乱されたら大損ですね。次の日も、全力で仕事に当たるために「その日のストレスはその日のうちに、さようなら」がおすすめです。

3分の遅刻で門前払い、時間厳守はグローバルでも基本

その日は朝からとんとんと調子良くスケジュールが進み、残すは上級幹部候補者の面接と会議が一つのみでした。誰もボスの機嫌を損ねることなく、会議の合間にスタッフと冗談を言い合うボスの笑い声が響き渡っていて、ああ今日は無事に終わることができる……そう思っていた矢先に「事件」は起きました。

5時半に面接の約束があった候補者の到着が遅れていました。普段の面接であれば、遅くとも5分前には、受付から候補者到着の連絡があります。ところが、この日はこちらから確認の電話をしても、「残念ながら到着していらっしゃいません」との返事。

ちらっとボスを見ると、スタッフと軽口を叩きながらもしっかりと時間を把握している彼の目は、容赦なくこちらの様子をうかがっていました。

間に入っているリクルーターに連絡をすると、担当者は不在の状態。こうなると、あとはも

う待つしかありません。そしてついに5時半になってしまったのです。

「私の候補者はどこにいる？」

グリニッジ天文台よりも時間に正確なボスが、オフィスの中からよく通る声で冷ややかに問いかけてきました。

「……まだ到着していらっしゃいません」

事前に遅れると連絡が一本でもあれば、いかようにでもフォローが可能ですが、この状況では正直に伝えるしかありませんでした。目を細めて片眉を上げたその表情で、さっきまでのボスの上機嫌がどこかへ吹っ飛んだのを感じました。

そして次の瞬間、彼の口からは厳しい言葉が飛び出したのです。

「到着したら、そのまま帰ってもらうように」

この候補者は、ボスの直属のマネージャーが気に入っていて、どうしてもボスに推薦して会ってもらいたいと強力に推している人物でした。ボスもそれを十分に分かっているはず。けれど口を開きかけた私を、手を挙げて強く牽制しながら、再び念を押してきたのです。

「聞こえたな。私は時間を守らない人間に使う時間は持ち合わせていない。今空いた時間で、もっと重要な仕事ができる」

このダメ押しで、どんなに説得をしても、この候補者には1％のチャンスも残っていないことが分かりました。

その瞬間、手元の電話が鳴りました。受付からでした。

時計を見ると約束の時間から3分経過していました。

あとで受付の女性に話を聞くと、「約束の時間に間に合わなかったのでお帰りいただくように」と伝えられた候補者は、最初に不愉快そうな顔になったそうです。申し訳ないという顔ではなく、明らかに不機嫌な表情に。

やがて、彼を推していたマネージャーが血相を変えて飛んできました。間に入っているリクルーターから、クレームの電話が入ったとのことでした。

相手は非常に忙しい候補者で、今日もぎりぎりのところまで仕事をし、やっとのことで会社を抜け出し、「〝ほんの少し〟遅れただけなのに追い返された」と、文句を言われたとのこと。

なんとかボスをなだめようとするマネージャーに、彼は容赦なく言い放ちました。

「どんなに優秀だろうが、一番の基本である時間を守れないことは奢《おご》りであり、仕事がデキない証拠だ。信用に足らない人物に、私は自分のチームを任せる気はない。以上だ」

上の役職に就けば就くほど、大災害でもない限り抜けられない状況というのは多々あります。でも、その時に相手に〝どうにかして〟連絡を入れるのは、どんなに偉くなっても最低限のマナーであり、仕事の一環。それをボスは指摘したのです。

そしてその「最低限の仕事」すらできない人間に、どうやってチームをマネージメントすることができるというのか、と逆に質問。

「そんな人材は、いくら優秀だろうが自分はいらない」

それが彼の決断でした。

世の中には、このボスと同じ考えのエグゼクティブがたくさんいます。

それと同時に、上に行くと〝最低限の〟仕事のルールも守れなくなり、それが許されると勘違いしてしまっている驕りのエグゼクティブも。けれど、驕っていると、いつの日か必ず足元をすくわれます。

仕事がどんなに忙しかろうと、あなたがどんなに出世をしようと、決して気を抜いてはいけないのが「時間」の概念です。

・約束の時間より早すぎる訪問は、相手の時間を無駄に邪魔していること。

・そして連絡もなく遅れて現れるのは、もうそれだけで失格。

いま一度、自分の時間の概念を見直すことで、緩みかかったネジを締め直すことができるはずです。

モンスターボスと3回の怒鳴り合い それでも譲れないところは絶対に譲らない

そのボスは、「使えない」と思ったスタッフを容赦なく切ることで有名でした。

彼の評判は社外にも聞こえていて、特に彼の秘書切りは、人事部だけでなくリクルーター泣かせでもあったのです。

人は2種類に分けられると思います。危ないものには近づかない「君子危うきに近寄らず」タイプと、一度聞いたら怖いもの見たさで、後から後悔するのが分かっていても、覗《のぞ》いてしまうタイプ。前者は安全路線で平和に着実に日々を送っていきます。後者は、吉と出るか凶と出るか、ギャンブラー気質があるために、失敗すると痛い目を見るのです。

その時の私がまさに後者のタイプでした。

「ここまでのところ及第点ということで、君に私への質問を許そう。何が聞きたい？」

そう尋ねてきたボスに、思わず本音で、

「実は今日は、業界で有名なモンスターを見に来ました。なぜ、何人も秘書をクビにするのですか？」

と言ってしまったのです。その途端にボスの目つきが変わったような気がしました。そして彼はにやっと笑って、答えたのです。

「誰も私を満足させられないからだ」

自分を満足させなければ、時間の無駄。さっさと取り替えるだけ。明快な答えでした。しかも私が入社当時、彼の幹部クラスの部下たちが、私がどれくらい「もつ」か、賭けをしていると聞かされました。

のちに仲良くなった同僚も、「また犠牲者が一人入ってきた。今度は一体どれほどもつことやら」と思ったので、最初はあえて私と距離を置いていたというのです。

結果、私は彼が日本を離れるまで働くことになったのですが、良い意味で、なぜ周囲の期待を裏切り、そこまでもったのか、よく聞かれることがあります。

もちろん私の、「絶対に秘書を見直してもらう！」という決意もありましたが、かといって、私の前に切られた秘書仲間たちよりも私がデキるのかというと、決してそんなことはなかったと思います。それぞれが立派な経歴のある優秀な仲間たちだと聞きましたし、皆その後にきちんとした勤め先をすぐに見つけていたからです。

ただ一つ思い当たるとすれば、それは**断固たる意志を持って、間違えていると思うことは、どんなに怒鳴られても譲らなかった**ということです。

知らないふりをしてボスのご機嫌をとるのは、実はとても簡単なこと。でもそれをしていては、ボスのため、ひいては会社のためにならないと確信した時は、自分の上司にでもきちんと伝えるのが部下の務めです。

イエスマンは仕事の質を貶《おとし》めます。彼らには上司のことや会社のことを大切にする気持ちよりも保身が重要なのです。

そしてもう一つ。**自分自身がいわれのない非難を受けた時にはそうでないことを必ず主張したこと**です。

間違えていても上司の言うことには逆らわないのが一般常識のようになっていますが、そこで自分を守らなければ、一体誰が守ってくれるのでしょう。

言い訳をせよと言っているわけではありません。冷静に、論理的に、説明すればよいのです。

◆オフィスに響きわたったモンスター上司の怒鳴り声

「今すぐ、私の部屋から出て行け！」

開いたままのボスのオフィスから怒鳴り声が響きわたりました。ボスのお気に召さないことを承知の上で、ここだけは譲れないと思った私が、話を聞いてほしいと繰り返した結果の出来事でした。

「絶対に、話を聞いてくださるまでは、出て行きません！」

ドアを閉めたデスクの前にある椅子の背を握りしめて繰り返した私を見て、怒りで顔が真っ赤になったボスが仁王立ちになりました。

「君の話をこれ以上聞く気はない！　時間の無駄だ、君が出て行かないと言うならば私が出て行く！」

そう怒鳴るとドアに向かって歩き出しました。

ところが、ドアノブを摑んだ瞬間、鬼の形相で振り向いたのです。

「ここは私のオフィスだ！　なぜ私が出て行かなくてはならないんだ、君が出て行け！」

その時、私の頭の中は「話を聞いてもらわなくてはならない」というその思いだけでいっぱいでした。秘書というよりも、一人の部下として、ボスのためにならないことをそのまま放置しておくことができなかったからです。

やがて諦《あきら》めたように、椅子に座り込んだボスがティッシュ箱に手を伸ばしました。そして何枚かティッシュを引き抜くと、すっと私に差し出したのです。

「そのぐちゃぐちゃになった顔をどうにかしろ。１回だけチャンスをやる」

ティッシュで顔をふいてから、与えられた短い時間で極力論理的に冷静に話をしました。

「言いたいことはそれだけか」

決して「分かった」とは言いませんでしたが、ボスが私の話に耳を傾けたのが分かりました。

そして、その出来事からしばらくして、彼が私の意見を取り入れてくれたことが分かったのです。このボスとは、6年近くの間に3回、このような怒鳴り合いがありました。

「第3次大戦」とあだ名をつけられた3回目のぶつかり合いの頃には、一件落着して振り向くたびに目に入る、ガラス越しの向こうの風景にも慣れっこになっていました。

毎回驚愕《きょうがく》のあまり、プレーリードッグのように立ち尽くしてこちらを見つめる、同僚たちの顔が並んでいたのです。

そして同時に、私は3回も私にそのチャンスをくれたボスへの尊敬を深めていきました。

「一念岩をも通す」と言います。

普段からやるべきことをきちんとやった上で述べる主張には、説得力があると思うのです。

デキる上司であればあるほど、相手がただ自分に逆らっているのか、言い訳でヒステリーを起こしているのか、それとも必死な思いで上司とチーム、会社のために訴えているのかをきちんと見定めます。

自分の仕事にプライドを持ち、会社のためになることと少しでも思えるのであれば、時として譲ってはいけないところは絶対に譲らない信念を持つことも必要なのではないでしょうか。

もちろん、**いつでも上司に反抗ばかりする部下、ああ言えばこう言うタイプの部下では、精神年齢が低いただの幼稚な人間です。**そうではなくて、明確なビジョンとともに自信を持って主張すれば、必ずや上司の心に響くはずなのです。

譲ってはいけないところは譲らない。けれど、それが一段落したら発言を許してくれた上司に必ず感謝を示すこと。それによって気まずい状態になることは避けられます。

誰よりも仕事がデキて、自他ともに厳しい……そういう上司であれば、試してみてください。避けて通っても、目をつぶっていても進展はありません。

だったら、きちんと、譲ってはいけないところは譲らない信念を持ちましょう。

「難しい」なぜ、この言葉が先にくる⁉

「コーヒーを頼む！　今すぐに」

サインをしてほしい書類を持ってボスのオフィスへ入って行くと、手を挙げて制止されました。

明らかに何かにイラついている様子。

お気に入りの泡なしカプチーノを一口飲むと、彼は口を聞きました。

「何なんだ一体、『難しい』っていうセリフは。何かの免罪符と勘違いしているんじゃないのか」

日本に長くいるために、日本人のことはかなり分かっているはずのイギリス人ボスが、この日「どうしても理解できない」とイラついたのには理由がありました。

日本人スタッフとの会議の際に、新しいやり方や、日本の企業カルチャーにないことを提案すると、一様に首をひねって「難しい」と言うのが、このボスのカンに障っていたのです。

このボスは、「不可能を可能にするのが当然」という考えの持ち主で、自身もそれを心がけて仕事をして来た結果、相応の高い地位に就いていました。
「やる前から、何かを試そうとする前から『難しい』なんて、よく恥ずかしげもなく言えるもんだ。プロだったら絶対に出ない言葉だろう」

確かにそうです。テーマを告げられた瞬間に頭の中で「難しい」と思うのは自由です。けれど、提案しているその言葉を口にしたら、プロとしては失格。「私はあなたと仕事をする気はありません」と答えているのと同じなのです。

「文句はやってから言え」とはよく言ったもので、私自身、「やるだけやってみてから言いなさい」と、泣き言を言うたびに親や学校の先生に言われてきました。このルールが、社会人になった途端に、抜け落ちてしまう人が多いのです。

なぜ、チャレンジもしてみないで、「難しい」と分かるのでしょうか。
なぜ、その提案を実現不可能だと決めつけてしまうのでしょうか。

すでにその瞬間に頭の中はガッチガチ。新しい戦略や、一発ヒットのアイディアが、そんな凝り固まった脳から生まれるわけがないのです。

そして、そんな人たちはアイディアだけではなく、ビジネスパーソンとしての自分の能力や未来の扉も閉ざしてしまっていることになるのです。

「難しい」という言葉は、ありとあらゆる手を尽くした結果、どうにもならない時にだけ、自分に使用するのを許可してもよい言葉です。

もっとも、デキるワガママ上司には、どんなに努力した後にこれを言っても、眉を顰《ひそ》められることになるのでしょうが。

「全てを試しましたが、なかなか難しく、現状ではこの方法、結果がベストです」

例えば、あなたがこういうアプローチをしたなら、「難しい」は正しい使い方になります。

行動する前に、試してみる前に、最初から「難しい」と言うのは否定から入るのと同じこと。

その言葉を言っている時、人は**「できない理由」を探し始めている**のです。

その否定的スイッチが、全てをおじゃんにしてしまいます。

もし「この仕事をしなければクビ」と言われたら、よほど特殊な事情でもない限り〝何が何でも〟必死になってやるでしょう。「いや、それはちょっと難しいのですが」などと言う人はいませんね。

デキるわがまま上司は、驚くほど頭の中が柔軟です。決まったことでも、ルールがあっても、「それが仕事上プラスではない」と思ったら、知恵を絞って現実を翻《ひるがえ》す方法を考えます。まさにこれが仕事をするのに必要な技術なのです。

何が何でもタテのものをヨコにする。そのためには無理を承知でトライ&エラーを試みる。時にはこうした経験を繰り返すことで、あなたの「難しい」に大きな変化が生まれることを実感できるでしょう。

「相手の靴を履け」
自分の常識をかなぐり捨ててこそわかること

仕事をしていると、実に世の中にはいろんな人がいるものだと、感心することはありませんか。人種の違い、そういう問題ではありません。

「人間としてこれが常識」と思ってきたものを、全てガラガラと崩してしまうようなタイプ。

「なんだこの人は！」と叫びたくなる相手。

宇宙人とまでもいかなくても、絶対に同じ星の人間とは思えないような人物です。

ましてやそれが自分の上司だったら……。かなり、厳しいことになりますね。


次から次へと秘書をクビにする、泣く子も黙るイギリス人ボスは、私がそれまで会ってきたどんなタイプにも当てはまらない、モンスターボスでした。

仕事外ではジェームス・ボンドのようにスムース。けれどいったん仕事に入れば悪魔なんて可愛《かわい》く見えてしまうほどの、モンスターぶり。とにかく「デキる」、そして頭が「切れすぎる」上司だったのです。

望む仕事レベルも超一流。いくらやっても彼の満足レベルには届きません。

一体、どうして？　どこまでやったら、何をやったら？

最初の2～3カ月、オフィスはまるで戦場のようでした。ボロボロにされてもゾンビのように起き上がって、翌日にはまたボスに〝戦い〟を挑む気持ちで、会社に向かったものです。

そんなある日のこと、その日の戦いを終え、疲れきった電車の中で突然ひらめいたのです。

「このボスを理解しようとするからダメなんだ」

私たち日本人は、育ってくる過程の中で、自然と人に同調することを教えられます。個人としてよりも、集団の中での協調性に重きが置かれます。

けれど**海外では、いかに人と違うか、いかに個性を持って自分の力で突出するかが重要です。**

金融世界の荒波に揉まれながらこの地位まで昇ってきたボスに、日本スタイルの「協調性」が通用するはずがありません。**必要なのは、彼を「理解すること」ではなく、「彼になること」でした。**

そこで思いついたのが、英語の**「相手の靴を履く」**（in someone's shoes）という表現です。

相手の靴を履くとは、その人の靴を履き、その人の歩き方で歩き、その人の目線からものを考え、行動すること。つまり、その人自身になりきることを意味します。

でも具体的にはどうしたらよいのでしょうか。

答えは **〝とことん〟観察**です。

目を皿のようにして相手の行動を観察します。どんな時に、何を考え、どういう発言をするか。時間の使い方、会議での目の配り方、部下への態度、部下の育て方は？。上司やライバルと話をする時、交渉をする時はどんなふうなのか。叱り方、怒り方、食事の好みは……。

一瞬でも逃さずに観察するのです。

それだけではありません。仕事以外でも一緒になる機会があれば、上司が周りとどういう会話をし、どういう気の配り方をしているかまで、「常識ではこうするだろう」という観念をかなぐり捨てて、「その人の靴を履く」ことに全神経を集中させるのです。

上司を怒らせないように仕事をすることに集中してきたエネルギーを、上司を「興味を持って観察」する方にシフトしてみてください。

面白いことに、しばらくするとその相手の行動が読めるようになります。

夫婦やパートナーといると、その相手と似てくるとよく言われますね。それは相手といるうちに、次の行動が読めてきたり、同じ考えをしたりするからなのです。つまり自然に、「相手の靴を履いている」ことになるのです。

ボスの「靴を履く」ことで、今まで分からなかったことが、面白いように理解できたりしてくるわけです。

「こういう時、ボスだったらどうするか」

ボスの靴を履きながら考えてみる。それがボスを理解し、ボスを満足させるような仕事ができるための最初のステップです。続けていれば、じきにボスの行動が予測できたり、先手を打って、危機回避をすることが可能になります。

「まっさらのキャンバス」という表現の通り、先入観のない心で、何でも吸収できるスポンジのような気分で臨みましょう。これができれば、どんなモンスターボスも攻略可能。時間が多少かかっても、絶対に結果の出る、効果的な「わがままボス攻略法」です。

そして、モンスターボスを攻略することは、デキるビジネスパーソンになるための、パスポートでもあることを、忘れないでください。

会社倒産の危機、人間の本質は修羅場で丸見えになる

仕事をしてきて何度か修羅場は経験したことがあるのですが、何といっても最大の修羅場は、会社が突然潰《つぶ》れることになってしまった、リーマンショックの時でした。

自社が売却されることを予想していた社員たちでしたが、「Xデー」の到来など予想もせずに、バーでミニパーティをしていた時のことです。不安を隠すように、自分たちを買ってくれる会社に期待するかのように、何度もあちこちで乾杯の声が上がっていました。

にわかに信じがたいニュースが伝わったのは翌日でした。時間が経つにつれてどんどん最悪の様相を呈してきました。

そして、ついにその日。覚悟をしていたにもかかわらず、驚きのあまり言葉が出なくなるという初体験をすることになったのです。けれど、それだけでは終わりませんでした。

修羅場とともに、同じ会社で働いていた多くの同僚の本質が丸見えになったのです。

それこそがまさに「修羅場の中の修羅場」でした。

幸いながら、私のモンスターボスは、そんな時も「デキるモンスター」そのもの。冷めた表情に、完璧なまでの落ち着きぶりで、自分の椅子《いす》にどっかりと座っています。

相変わらずの鋭い眼光で、ガラス張りのオフィスから外の様子を眺める彼を見ながら、私自身も周囲の出来事を観察していました。

修羅場の中で、次々に見えてくる人の本性。中でも普段、「自分はある程度の地位に就いている立派なマネージャーだ！」と威張っているタイプの人間の変化が見事でした。太っ腹なふりをして偉そうなことを言っていたはずの上司が、パニックに陥る姿を見ることほど部下にとって情けないことはないでしょう。

普段から少しでもその気配が見えていれば、まだ「しょうがないな」と、諦《あきら》めもつきます。けれど、そんな姿を思い浮かべもしなかった上司が、部下の存在も忘れてパニクっている様子に、思わず「小さいやつだ」と舌打ちした人も少なくはありませんでした。

部下を守り、責任をとるはずの上司たちがそういう行動に走ったら、部下はどうなるのでしょう。もうやってらんないよ！　そんな気分になるのと同時に、底知れぬ不安が襲ってくるはずです。

こんなはずじゃなかった。これからの人生、一体どうなるのだろう。家族が明日から路頭に迷ってしまう！

後から後から込み上げてくる、「後悔」や「現実逃避」の思いに押し潰されそうになります。

こんな時、どんな行動をとればよいのでしょう。

まずは、パニクっている上司はこちらから見捨ててしまいましょう。しかし表立って相手を非難することは絶対にＮＧです。後になって何かしらの理由によって事態が好転することもあり得ます。その場合、彼（彼女）が引き続きあなたの上司でいる可能性もあるので、今相手を非難して、後から自分が痛い目にあうのは得策ではないからです。

だから、心の中でひっそり、「さようなら」と見捨ててしまえばよいのです。

上司だけではありません。自分が信頼していた同僚も、その本性が見えてしまった場合は、そうしましょう。

大量に盗まれていく会社の備品や、まだ必要かもしれないやりかけの仕事を全て放り出して出て行く同僚がいたら、ショックのあまり笑い出したくなるかもしれません。けれど、彼らにも、冷静に「さようなら」です。

そして、相手に少しでも期待していた自分にも、きっちりと決別しましょう。

今この瞬間からあなたは一人です。まさに、**頼れるのは自分だけ。**

そして、「人のふり見て我がふり直せ」の言葉通り、彼らと同じ人間にならないように、まずは冷静さを思い出してください。

「落ち着いて、冷静に」

「頼れるのは自分だけ」を肝に命じながら、自分がその場でできることをすること。

周囲を見回して、自分と同じように自分をコントロールできている人と協力し合うこと。

その修羅場を「脱出」したら、いち早く自分を立て直すこと。

普段から、平和に慣れすぎないようにすることも大切でしょう。

常に危機感を頭の隅に置いておくことは、どんな場面でも必要です。、

信頼できる人物が誰なのかは、毎日注意して周囲を観察していれば必ず分かります。

そして相手に期待しすぎずに、地に足をつけた現実的な行動を目指しましょう。何があってもビクともしない、そんな人が成功への道を歩んでいくからです。

第6章

遅れてきたカルチャーショック
◆初めての日本企業編

在籍していたアメリカの証券会社が、破綻した日本の四大証券の一つを合併した際に、日本企業について学ぶ機会がありましたが、今度は自分の会社が倒産、買収される側となりました。日本の経済を牽引する大手証券会社とアメリカの証券会社との合併。言葉や人種の違いを越えて、驚くほどのチャレンジが待ち受けていました。

香港に移ってからは、グローバル化という言葉を完璧に自分のものにしている、切れ者日本人エグゼクティブとの出会いがありました。「日本における日本人」として、そして「海外における日本人」としての臨機応変の働き方を学びながら、世界中で破竹の勢いの、中華系ビジネスの手法にも触れることができたのです。

思わず拍手をしたくなるほどの日本人のおもてなし術と、合理的が一番で無駄を嫌う中華系の潔さのバランスをとりながら、西洋の厳しいビジネススタイルをうまく組み合わせて働くことのメリットを身を持って体験できたことは、人生における大切な財産となりました。

日本の優秀なビジネスパーソンたちが、どうすれば最大限にその才能を輝かせてこれから活躍していけるか、深く考え始めるきっかけとなったのもこの会社のおかげです。

合併後、人種の違う上司たちの板挟み!? 結局、自分の身は自分で守るしかない

日本の会社と、私のいた外資系の会社との買収合併は、まさに「腰を抜かすほど」のカルチャーショックでした。買収合併が決まった当初の私たち外資側の反応は、路頭に迷わずに済んでほっとしたり、初めての日本企業に興味津々だったり、自分が〝裏切って〟辞めた会社へ逆もどりすることになってパニックになったりと様々でした。

けれど実際の仕事のやり方や、お互いの組織への深い懸念はなかったような気がします。一方、日本企業側では、「なぜ潰れた会社を丸ごと買い取る必要があるのか」「なぜ給料も人も減らさず丸抱えするのか」という意見が多くあったと聞きました。

あり得ない安値の株価になっていたものの、潰れた会社の人件費は相当なもの。しかも、潰れた上に買われた会社の社員のお給料が平均して高かったため、到底納得のいかない状況だったのは、容易に想像ができます。それでも、合併後、初めて集められた大きな会場に現れた副

社長は、とてもにこやかな笑顔でこう言ったのです。

「皆さん！　これは一方的な買収ではありません。ファミリーとなった皆さんを歓迎します！共に力を合わせて良い会社をつくっていきましょう」

嬉しい一言でした。一抹の不安はあったものの、多くの同僚が、「頑張って〝力を合わせて〟仕事をしていこう」、そう思ったのです。けれど実際の仕事が始まると、それがとても難しいことなのだと思い知らされました。

残念ながら、問題を作り出していた多くの原因は、現場の人間ではなく、それを統括している上層部の一部の人たちにありました。

業界トップという事実と、その名前や歴史からくるプライドから、買われた会社、しかも全く未知の世界である外資系という会社のやり方をなかなか受け入れられない、もしくは、はなから受け入れる気がない頑《かたく》なな人々。

他方、自分たちの会社が破綻し失業してしまうところを、お給料や地位を削られることもなく受け入れてもらった会社において、今までと同じ待遇を受けるのを当然と思い、「感謝」なくエゴの塊のようになっていた人々。

もちろん双方ともに、数多くの優れたエグゼクティブたちがいました。けれど、こうした考えの人々が反目し合っている限り、その組織は機能しなくなります。

一度開いた穴から水が漏れ出せば、その穴はどんどん大きくなってしまうのです。

果たしてこの組織でも予想通りの出来事が起きました。会社の命運をかけて巨額の資金を導入した「価値あるお買い物」が、時間の経過とともに「無駄なお買い物」と呼ばれるようになったのです。

「潰れた会社の部署を優遇して、自社の担当グループを解体した」

「買った、買われた側じゃなくて、〝デキる〟方が指導権を握るのは当然だ」

「なぜ部署のトップが、潰れた会社の人間なんだ！」

不満の声があちこちから上がっていました。

そんな環境の中では、毎日のように、仕事とは関係ない〝小さな紛争〟が勃発《ぼっぱつ》します。

単にカラーが違うといった問題ではありません。

同じ日本人同士であっても、バックグラウンドの違いから、不必要なささくれができるのです。

東京で破綻した外資系のボスについていた私は、香港へ移って、今度は買収した日本企業側のボスの元で働き始めることになりました。

そうすると、事態はさらにややこしくなったのです。

同僚であり、しかも同じ日本人であるはずのスタッフからも、

「顔は日本人だけど、どうせ中身は外国人。日本企業の常識が通じないから」

「ここは外資系じゃないんだよ！　日本のやり方に馴染《なじ》んでもらわなくちゃ困るんだよね」

と注意されることも少なくありませんでした。

元の会社のマネージャーからも、冗談交じりに、

「もう君はあっち（日本企業側）の人間だからね」

「信用していいのかな」

と言われたこともあります。

けれど、誰が何を言おうと、何を思おうと、毎朝仕事は確実に始まり、私たちはその組織の人間として、会社に貢献し結果を出さなくてはなりません。

そんなところで、「板挟み」になっている暇などないのです。

何よりも、どんなに嫌な目にあおうが、不愉快な思いをしようが、そんなことで自分のボスに迷惑をかけたり仕事の質を落とすことは許されません。

「自分の身は自分で守る。自分の仕事は自分で確立する」

それが残された道だったのです。そこで役立ったのがこの方法でした。

①精神的に強くなる
②「見ざる、聞かざる、言わざる」を実践する
③必ず防波堤を用意する
④突っ込みどころのない仕事をする

①まず精神的に強くならなければなりません。相手から発せられた言葉にいちいち傷ついて感情を動かされていたら、こちらの身が持たないからです。反応しないのが一番ですが、上級者編として「にっこり」笑顔で躱《かわ》せるようになれば、しめたもの。

相手を小バカにした笑いではありません。あくまでも友好的に「にっこり」。

相手をぎょっとさせると同時に、攻撃の手を緩めさせることが可能です。

幸運であれば、状況を打開するきっかけになるかもしれません。

②「見ざる、聞かざる、言わざる」実はこれ、海外にも存在します。

猿だけではなく、天使や他の動物がやっていることもありますが、それくらい世界で共通の「ワザ」なのだと思います。

無視するわけではなく、見ても記憶にしっかり留めた後は、「見なかった」ことにする。耳に入っても、そこから必要な情報だけ抽出し、不快な部分は「聞かなかった」ことにする。何か思ったり、感じたりしても、余計なことは一切「言わない」。

この方法はとても多くの場面で活躍します。

③そして何かあった時に自分が逃げ込めるシェルターや防波堤を確保します。

自分を守ってくれる人、逃げ込める場所、どういったものでも構いません。

人であれば、その人物の全幅の信頼を勝ち取り、守ってもらえるようにしましょう。

場所であれば、自分を攻撃してくる対象から邪魔されない場所、対処法をしっかり練ることができるところです。

④最後に、そして何よりも大切なことがこれ、「突っ込みどころのない仕事」をするということです。

あなたがその組織と、ボスにとって不可欠な仕事をしている限り、自然とあなたは守られます。

つまり自分の仕事の仕方によって、自身を守ることが可能になるというわけです。

突っ込まれない仕事というのは、ケチのつけようのない仕事です。

「頭にくるけど、仕事がきちんとできているからしょうがない」

相手にそういう認識を持たせて、自分の存在意義を確保することです。会社や組織があなたを守るのではありません。あなたが、自分で、自分を守るのです。これができれば、どんな職場へ行っても怖いものなし。

どんな板挟みでもへっちゃらです。

上に行く人の共通点は、偉くなるほど「ありがとう」が増えること

私が出会ってきたモンスター上司たちには、必ずと言っていいほど尊敬に値する共通点があります。

それは、彼らが普段どんなに強面《こわもて》でも、どんなに部下に恐れられていようとも、とても**頻繁に「ありがとう」という言葉を使う**ことです。

それはもう、見事なくらい自然に「ありがとう」を口にするのです。

興味深いことに、この行動はその人たちの「デキる」度合いに比例すると、いつも思います。

例えば、中身がないのに中途半端に偉い人に限って「人に何かをしてもらうのは当然」と思っていますから、そこには感謝がありません。

自分の真横にあるゴミ箱をお掃除をしている人が目の前で綺麗にしてくれても、「当然」なので感謝などしません。

自分が目を通すのを遅らせたために、残業をして最終資料を仕上げている部下を見ても、自分の部下だから「当然」なので、何とも思いません。

それどころか平気な顔で、「じゃあ、あとはよろしく」と言って帰っていきます。

このタイプの共通の認識が、「自分も若い頃やられたんだから」「自分は偉いんだから」ということ。だから目下の人間が何をしようと、そこに感謝する必要などないと思っているのです。

その強烈なエグゼクティブオーラで、社内外の要人たちから一目置かれていた日本人ボスの話です。私が今でも頻繁に思い出す、彼の口癖がありました。

「私がここまで来れたのは、自分の努力以外に皆さんの支えがあったからです。ありがたいことです」

この「ありがたいことです」というセリフを、一体何度耳にしたことでしょうか。日本の大手会社の社長が、短い出張日程の中、どうしてもボスに会いたいと連絡をいただいた時。

「そうですか、わざわざ出張で香港へいらっしゃるのに、私にお会いくださるとおっしゃられたのですね。ありがたいことです」

政府関係の方から、少人数が選ばれてのディナーへの招待状が届いた時。

「ご用命いただきましたか。ありがたいことですね」

お客様からお礼のメールと小さなプレゼントが届いた時。

「皆さんがいらっしゃってのビジネスですのに。ありがたいことです」

一つ一つに感謝があるのです。

別に私への印象を良くする必要はありませんから、それが計算尽くしの発言でも、無理しての発言でもないことは容易に分かります。つまり、本気でそう思っているのです。


そして関わる全ての人たちに、ボスの思いが伝わるのでしょう。彼の元には常に人が集まり、その結果、情報や人脈がさらに増えていくのです。

人は好ましい相手、尊敬する相手のためには、自然と「何かをしたい」という気持ちが湧き上がるものです。


どんなに偉くなっても「ありがとう」を欠かさないエグゼクティブ。

中身もないのに、自分の役職を振りかざして感謝を知らないエグゼクティブ。

あなたならどちらの上司に、自分の努力と時間を差し出したいと思いますか？

敵ほど近くに置いておく。時には手柄を譲って恩を売れ

仕事をしていると、残念ながら心地よい人ばかりではありませんね。

驚きのあまり顎が外れそうな思いをさせられる人、自分は何もしていないのにむき出しの敵意をぶつけてくる人。そんな想像を絶するような出会いも、決して少なくはないと思います。

そんな中でも、大切な仕事にまともに影響を与えるような存在……ライバルならまだ可愛いのですが、何かあればあなたの邪魔をしたり、横からあなたのアイディアをさらってしまうような存在に出会うことがあります。

そんな時は、どうすればよいのでしょう。


ある凄腕ボスの手腕をご紹介しましょう。

黙っていても「ただ者ではない」と感じさせるようなオーラを放つこのボスは、実は誰より

も細かい気配りができる、おもてなしのプロでした。

数々の大企業のトップや、国の高官たちとも仕事を超えて交流があり、彼らが是非また会ってほしいとわざわざ事前にリクエストしてくるほどの人物だったのです。

多岐にわたる知識と巧みな話術で出会う人を楽しませ、スムースにその場を和ませる様子からは、彼に敵がいるなどとは誰も思わなかったでしょう。

けれどある日、彼の口から意外な一言が飛び出したのです。

「もちろん私にも敵はいますし、私を良く思っていない人だっていますよ」

そばで働いているとひしひしと感じるものですが、そんな感じは一切しないのです。

20年も秘書をしていれば、どんなに周りにいる人が隠していたとしても、かすかな表情や仕草で、人と人の間の見えない緊張や感情が分かるようになります。

けれど、このボスに関しては、まるで分かりませんでした。

山があっても谷があっても、完璧までの感情のコントロールで乗り切ってきたこのボスには、気をつけていることがあるように見えました。

それが、「**敵ほど近くに置いておく**」ということです。

普通であれば、嫌いな人、自分に害をなす存在は遠ざけようとしますね。

けれど、そこであえて近くに置いておく。

そうすると相手の動きや考えが分かるようになるだけでなく、いざという時に何か良からぬことを考えていたとしても事前にキャッチできるわけです。

もちろんそこには、前述したような、強い「感情のコントロール」が必要とされます。

いわゆるポーカーフェイス、そしてどんなに頭にきている相手、顔も見たくない相手にでも友好的に旧知の仲のように接することができる、卓越したセルフコントロール力です。

「それは一部の強い意志を持った人だけができる特別な技術」

そう思っていませんか？

そこで、もう一人のボスに登場してもらいましょう。

こちらは先ほどのボスとは全く反対のタイプ。瞬間湯沸し器タイプのモンスターボスです。気に入らないことがあれば、すぐに言葉と態度に現れます。カミナリが落ちるのもしょっちゅう、時には眉毛の動きだけでいかに自分が不愉快に思っているかを相手に知らせることもできます。

ところがこのボスも、やはり「敵ほど近くに置いておく」を常としていたのです。

そのために、前述のボス同様、目を見張るようなセルフコントロール術を持っていました。

明らかに政敵と思える相手にも、にっこり笑って「やあ！」と手を差し出すのです。

ジョークを言ったり、褒めたりもします。

「嫌な相手をなぜ褒められるのですか」と質問したところ、

「彼の功績を褒めたのであって、彼の性格を褒めたのではないから」

と素っ気ない返事。

正確に相手の良いところと悪いところを判断しながらも、あえて、相手の危険度を認識してそばに置いておくことで、必要な時に最適な行動がとれるというわけです。

「私の目的はひとえに『良い仕事をする』ことだからね。そのためには、どんなに相手が嫌なやつでも、自分の感情やプライドなどは二の次だ。欲しいものを手に入れるためなら、それくらい当然だろう」


そういう彼も、社会人になりたての頃はその論理が分からずに苦労したそうです。

けれどある日、自分の同僚からその術《すべ》を学んだのだとか。

以来、時には失敗を重ねながらも自分の感情をコントロールすることを学び、自分にとってマイナスとなる事柄、人物ほど、常にそばへそばへと置いて目が届くように気をつけてきたということでした。

海千山千の仕事場で、とても役に立つ方法かもしれません。

さすが日本人！秘書の私も感心した究極の〝おもてなし力〟

ある時、日本語を勉強している外国人の友人に聞かれました。

「ねえ、日本と日本人のことを勉強していて思うんだけど、あなたたちって超能力者みたいね。相手の気持ちを『推し量る』『慮《おもんぱか》る』『察する』……こんなふうに、相手が発言もしないことを〝読む〟のが本当に得意なのね」

「ああ、なるほど」

私たちの文化ではあまりに普通で、当たり前のこれらの行動が、何でもきちっと言葉にして相手に伝えるのが当然とされている欧米系の人たちにとっては、不思議に思えるのです。

ビジネスにおいては、これが裏目に出てマイナス点となってしまうことも少なくはありません。けれど、私たち日本人が誇る「おもてなし」文化においては、これが最強の武器になるのです。

長い秘書人生の中で、私は数多くの「おもてなしのプロ」に出会ってきました。

顧客のリピーター数を誇る、生え抜きのセールスマン。

ホテル業界でも引っぱりだこの、人気コンシェルジェ。

難しい関係国の相手をも思わず和ませてしまう、凄腕の大使。

けれど、やはり何回見ても白旗をあげてしまうのが、この日本人ボスです。

まさに「天性のおもてなしのプロ」とでも言いましょうか、今までの「凄腕」たちのエッセンスを全て取り入れたような人物だったのです。


彼のモットーはいつも、「相手に喜んでもらう」ことでした。


「相手に喜んでもらう」ということは、相手を知り尽くしてこそ初めてできる行為です。

これが良いから、これが流行《はや》っているから、という考えではとてもその域にまで達することはできません。なぜなら、資産のある人が豪華なレストランに行っても、普段からそういうところへ行き慣れている場合、あまり嬉しくないかもしれないからです。

また、「ハウ・ツー本」でにわかにつけた知恵で、「お客様のお生まれになった年のワイン」を高額の接待費を使って購入したとしても、あまり喜ばれないかもしれません。

現に私は、こう言ってぼやいているお客様にお会いしたことがあります。

「気持ちは非常にありがたいんだけど……。なぜか皆同じことを考えるらしくて、わが家には私の生まれた年のワインがごろごろしてるんだよ。しかも残念なことに、あまり美味しくないんだよね」

そんな結果を生むくらいならば、お値段で勝負せずに、自分の情報力と舌をフル稼働して、限りなくお客様の好みに近い、あまり知られていないワインを調達した方が、喜ばれると思います。

その点このボスは、自分がエグゼクティブになっても、「相手にいかに喜んでいただくか」に、真剣に取り組んでいたのです。

ほんの少しでもお会いした方には、興味を持って接します。相手の情報を素早く頭に記憶する、コンピューターのような記憶力がそれをサポートしていました。

会話の際には、相手に「私はあなたと話すのが一番楽しい」とでもいうような抜群の「聴き方」をします。身を乗り出して、全身で相手に興味があることを伝えるのです。そして同時に、相手がもっと話をしたくなるような相槌《あいづち》を打ち、話題をふり、自分からも相手が興味を持つであろう話題を提供します。

「事前の予習力」「相手に決して悟らせない観察力」「少しも漏らさずに自分のものにする復習

力」の三つが、彼の「三種の神器」とでも言いましょうか。

「事前の予習力」は、初めての相手への最大限のおもてなしです。

単にインターネットや書面で仕入れた情報だけでなく、相手の周囲から聞いた情報、しかも全く違った層の人々から仕入れた情報を元に、ぴったりのシチュエーションを作り出します。

一口に相手の好みと言っても、場所、食べ物、季節、時間の使い方、音楽、本、趣味……もう考え出したらとどまるところがありません。

それを一人一人、大切に予習して、「相手に喜んでいただく」おもてなしを開始するのです。

「相手に決して悟らせない観察力」は、実際にお会いした時です。

事前の予習では知り得なかった情報を、目と耳と口をフル稼働して入手します。

これは、相手の方に関する情報に限ったことではありません。

実際に行く場所を前もって下見して「観察」した結果、何が足りないか、どこを補えば完璧に喜んでいただけるかを確認する作業も含まれています。接待のあり方、サービスの仕方にまで細かくチェックを入れ、足りなければ、こうしてほしいとお願いをするのです。

「あのレストランでは、この時間になると、あそこのテーブルの右側の席からの眺望が一番だから」

太陽の加減による一瞬の「時間」についてまでも、きちんと計算されていたりするのです。同時に、常に相手の身体的、内面的な動き、そして周囲の状況にも敏感です。

例えば、テーブルの隅にいる相手の一人が噛み殺したあくびを見逃さなかったり、相手が遠慮してなかなか言い出せないことを、まるで自分もそうしたかったかのように発言して、相手の気分を楽にさせる技術も見事です。

またある日は、レストランのサービスレベルが十分でないと気づけば、もてなす相手が来る前にきちんと対処しておく。そんなことはまさに「朝飯前」、このボスにとってはまるで無意識のうちの行動のようでした。

「少しも漏らさずに自分のものにする復習力」は、前の二つを完璧にする最終兵器です。

自分がやったこと、新しく蓄積した知識やアイディア、相手の反応などを再度詳しく思い返した後に、しっかり自分のものにします。

それら全てを大切な「情報の引き出し」に収納する工程です。

その引き出しにしまわれた膨大な情報は、決してそのままになることがなく、その相手だけでなく、誰にでも応用できるように、定期的にレビューされているのです。

加えて、ちょっとしたサプライズ、つまり「嬉しいびっくり」感も忘れません。

まるで、相手を喜ばせることが使命のように、自然に行動に現れます。


そして相手から、感謝と喜びの感想が届くと……。

この前にもお話しした思わず「参りました」と言いたくなるような一言が、彼の口から発せられるのでした。

「ありがたいですね。喜んでいただけた上に、お礼までいただいて」

「察する文化」の日本人には、海外にいる並みいるおもてなしのプロより秀でたアドバンテージがあります。

あなたの周りに「おもてなし上手」がいれば、その人はあなたの最高の師となるのです。

「学んで」「真似をして」、しっかり「盗んで自分のものにする」。

それが、お客様のみならず、どんなワガママ上司をも喜ばせる、おもてなし力磨きへの一歩です。

「起こることにはすべて意味がある」逆境を成功に反転させる考え方

私の秘書人生、最後のボスには口癖がありました。

「Everything happens for a reason」

日本語にすると、**「起こることには全て意味がある」**となるでしょうか。

彼はこのフレーズを、良いことがあっても、悪いことがあっても、いつでも淡々と口にしていました。

この言葉は、言うのは簡単でも実際理解しようとなると、とても難しいセリフなのです。

自分の調子が良い時は、このセリフは実にスムースに出てきます。

「そうだよね。苦労したけど、そのおかげで成功したんだ。起きることには全て意味があるよね」

こんな感じです。

けれど、このボスからの学びは、**「自分が絶不調の時に、いかにこの言葉を口にすることができるか」**だったのです。


思いもよらなかった仕事での失敗や、自分が切望していたチャンスを逃した時。

正しいことが認められずに、どう考えても承服しかねる現実が横行した時。

大抵の場合、皆落ち込み、嘆き悲しみ、自分がどうしてこんなに不運なのだと暗い気持ちになるでしょう。

時には完璧に負のスパイラルにのみ込まれ、自暴自棄《じぼうじき》になってしまうかもしれません。

けれどそんな時こそ、意識して声に出して言ってみてください。

「起こることには全て意味がある」

心のどこかで、「そんなキレイごと言っていられるか！」と思ってもいいのです。

とにかく口に出してみてください。

そして頭の中に浸透するまで、何度も唱えてほしいのです。

そこから逆境を乗り越えるためのスイッチが入ります。

「全て意味があるって……一体どんな意味があるのだろうか？」

何もかも失うような絶望の中にあっても、あえてこう考えてみるのです。

逆に何もかも失っているのなら、ダメ元でやってみてもよいのではないでしょうか。

まずは一つでいいので、「意味があるかもしれないこと」を探してみましょう。

そこから何を学べるか、このどん底からどうやって這い上がれるか、そう考えていくうちに、きっと答えが出てきます。

するとそれが必ずや、あなたの「逆境」を「成功」に反転させる道を開いてくれるのです。

あなたの周りにいる「デキる」上司たちも皆、逆境を成功に反転させる方法を編み出してきています。

「まさか、そんなあの人に限って逆境なんて……」

自信満々の彼らの姿に、そんな思いを抱く人も少なくはないでしょう。

けれど、その人がすごい人であればあるほど、本物のモンスターボスであればあるほど、これだけは言えるのです。

「挫折《ざせつ》や失敗を知らない人が「デキる」人になれるはずがない」

そして、挫折や失敗こそがその人を強く、大きく成長させていくのだということです。

もうダメだ、そうあきらめる前に意識して自分に思い出させてあげてください。

「起こることには全て意味がある」

それを口にした瞬間に、あなたの再生へのスタートが切られています。

おわりに

外資企業での経験をお話すると、時々真顔で「これは全部本当のことですか？」と聞かれることがあります。あまりに日本企業の日常とかけ離れていて、話を大きくしているかドラマのシナリオのように感じられるらしいのです。

もちろんそのお気持ちはよく分かります。私自身が日本企業と外資系の双方を経験してきたからです。

けれど、外資系のご経験者ならばご納得頂けるように、これは全て正真正銘本当の話。多くの方がまだまだ知らないそんな世界だからこそ、学んで頂けるヒントや、実際に役立つノウハウが隠されているのではないでしょうか。

仕事をしていると、様々な壁に突き当たります。今現在、突破口が見つからずに悩んでいらっしゃる方も多いと思います。

そこで、こんなドラマのようなびっくりが詰まった環境での働き方をご紹介して、マニュアルには載っていない方法での現状打破をご提案することが私の目標なのです。

私たちは受け身型教育の中で育ったため、「自分で」目の前の状況を変えられるという事実を忘れがちです。

実際、どんな組織にいても「自分」が動かなければ始まらないこと、どうにもならないと思っても「自分」次第で問題解決の糸口を見つけられる選択肢が存在しているのです。

受け身を止めて自分で動いた瞬間に、新しい波紋が広がり始めます。

「だめ」＝だめ、ではありません。つまり諦めない考え方、だめならば、それをなんとか変えようとする考え方。一度そういうクセをつけてしまえば、自然と頭が臨機応変思考になっていきます。

ここでもう一つ、私がピンチの時にやっていた「ノートに書き出す」方法を簡単にご紹介して締めさせて頂きます。

壁にぶつかる
↓
客観的に書き出して現状分析
↓
学べるところを見つけてそこに意識を集中
↓

対策法を考えて片っ端から試す

書き出すことで、頭の中でモヤモヤしていたことがすっきり整理できます。感情を排除して、冷静に状況だけを書き出すのがポイントです。

例えば、「上司からパワハラ」と書くよりは、「上司からXXを失敗した件を怒鳴られた。失敗は自分のチェックミスで起きた」と書くと、怒られた事実に固執せずに、ピンポイントで次回のミスを防ぐ対策が理解できるという学びにつながるわけです。

毎日一つでも改善できるところを見つけたり、視点を変えてものごとを見ることを習慣にしてみてください。これまでとは違う仕事がきっと待っています。

最後になりましたが、私にこの本を書く機会をくださった実務教育出版の松原健一さんに、心から御礼を申し上げます。広い知識とご経験、好奇心いっぱいのエネルギーで、私をここまで導いてくださいました。

そして松原さんとお会いする機会を作ってくださったプレスコンサルティングの樺木宏さんをはじめ、本書の誕生にかかわっていただいたすべての皆さんに、この場をお借りして感謝申し上げます。

皆さんがご自分の人生の手綱を取り戻して、少しでもやりがいを感じる毎日を送ることができるよう、いつも祈っております。

感謝をこめて。

２０１７年４月

フラナガン裕美子

<参考資料>

* ***Fortune Magazine (October 26, 1998 / By Andy Serwer Reporter Assoicate Ann Harrington)***

"Frank Newman Feels the Heat He was supposed to turn Bankers Trust around and restore its reputation. But now questions are swirling about Newman's strategy and his personal style"

* ***The Economist (July 1, 1999)***

"Banking acquisitions Frank exchange"

* ***New York Post (June 27, 1999 / By Cathy Burke)***

"Banker's Wife Feels The Pinch"

* ***New York Post (June 30, 1999 / By Jesse Angelo)***

"Goodbye, Newman German Bank Gives BT Chief Das Boot"

* ***New York Post (April 6, 2001 / By Braden Keil)***

"Frank Wants $19M More ; EX-BT Chief Puts His Fifth Avenue Co-op on Market"

* ***NRC (June 28, 1999)***

"Deutsche schrapt privé-jet echtgenote"

◆ 企画協力　プレスコンサルティング（樺木宏）
◆ 編　　集　松原健一（実務教育出版）
◆ 編集協力　Office Yuki、齋藤みゆき
◆ 装　　幀　三枝未央
◆ DTP　　　エヌティーアート有限会社

【著者略歴】

フランガン 裕美子（ふらながん ゆみこ）

国際コミュニケーション・コンサルタント。

1967年生まれ。津田塾大学学芸学部英文学科卒業。

スイス・ユニオン銀行を経て、バンカース・トラスト銀行から秘書のキャリアをスタートさせる。以降、ドイツ証券、メリルリンチ証券、リーマン・ブラザーズ証券、野村證券にて、世界を舞台に活躍するエグゼクティブたちを右腕としてサポート。2012年、ノムラ・アジア・ホールディングス副会長付秘書のポジションで同社を退職し、独立。現在は、香港を拠点にしながら国際コミュニケーションやビジネスのコンサルティングに従事するかたわら、講演会等を通して一人でも多くのビジネスパーソンを力づけることを目標にしている。著書に『どの会社でも結果を出す「外資系エグゼクティブ」の働き方』（日本実業出版社）、『「ちゃんと評価される人」がやっている仕事のコツ』（同文舘出版）、『伝説の秘書が教える「NO」と言わない仕事術』（幻冬舎）がある。

オフィシャルサイト　http://yumikoflanagan.com/

世界一打たれ強い働き方

2017年4月30日　初版第1刷発行

著　者　フランガン裕美子
発行者　小山 隆之
発行所　株式会社実務教育出版
〒163-8671 東京都新宿区新宿1－1－12
電話　03-3355-1812（編集）　03-3355-1951（販売）
振替　00160-0-78270
印刷所　壮光舎印刷
製本所　東京美術紙工

ISBN978-4-7889-1135-2 C0034